अष्टभुजा शुक्ल

अष्टभुजा शुक्ल का जन्म सन् 1954 में दीक्षापार गाँव, बस्ती, उत्तर प्रदेश में हुआ। वे हिन्दी के महत्त्वपूर्ण कवियों में शामिल हैं। लम्बे समय तक अध्यापन से जुड़े रहे हैं।

उनकी प्रमुख कृतियाँ हैं—'पद-कुपद', 'चैत के बादल', 'दुःस्वप्न भी आते हैं', 'इसी हवा में अपनी भी दो चार साँस है' और 'रस की लाठी' (कविता-संग्रह); 'मिठउवा' (ललित निबन्ध-संग्रह)।

उन्हें 'परिवेश सम्मान', 'केदार सम्मान' और 'श्रीलाल शुक्ल स्मृति इफको साहित्य सम्मान' से सम्मानित किया गया है।

इसी हवा में अपनी भी
दो चार साँस है

अष्टभुजा शुक्ल

राजकमल पेपरबैक्स

पहला पुस्तकालय संस्करण
राजकमल प्रकाशन प्राइवेट लिमिटेड द्वारा
2010 में प्रकाशित

राजकमल पेपरबैक्स में
पहला संस्करण : 2023

राजकमल पेपरबैक्स : उत्कृष्ट साहित्य के जनसुलभ संस्करण

राजकमल प्रकाशन प्रा.लि.
1-बी, नेताजी सुभाष मार्ग, दरियागंज
नई दिल्ली-110 002
द्वारा प्रकाशित

शाखाएँ : अशोक राजपथ, साइंस कॉलेज के सामने, पटना-800 006
पहली मंजिल, दरबारी बिल्डिंग, महात्मा गांधी मार्ग, प्रयागराज-211 001
1, अनमोल सोराबजी संतुक लेन, धोबी तलाव, मरीन लाइंस, मुम्बई-400 002

वेबसाइट : www.rajkamalprakashan.com
ई-मेल : info@rajkamalprakashan.com

बी.के. ऑफसेट
नवीन शाहदरा, दिल्ली-110 032
द्वारा मुद्रित

मूल्य : ₹ 199

ISI HAWA MEIN APANI BHI DO CHAAR SANS HAI
Poems by Ashtbhuja Shukla

ISBN : 978-81-19835-37-9

अपने गाँव दीक्षापार को

अनुक्रम

शब्द और पानी

शब्दों से
मुँह मुँह भरे हैं घड़े

इस घड़े में
हैं शब्द
उस घड़े में
हैं शब्द
जिस तिस घड़े में
हैं शब्द

पानी किस घड़े में है?

प्यासे जो
होंठ चाटते खड़े खड़े
देख रहे
शब्दों से मुँह मुँह भरे
छोटे से बड़े घड़े

जल के सूत्र पढ़े
सावन के जितने भी धड़े
भीतर से माड़ के दोने
बाहर रुख बेहद कड़े
मोहकड़े पर ही अकड़े

पानी किस घड़े में है?

खेल और खिलौने

सिर्फ़ खेल थे
हमारे पास
खिलौने नहीं थे

कंकड़ को कंकड़ से मारना
छिप जाने की कोई जगह
कुछ छू लेने की इच्छा
कुछ देख लेने की बेचैनी
हँसने का कोई उपाय
रोने का कोई बहाना
यही सब हमारे खेल थे

अपने खिलौने
हमें उधार पर बेच कर
उन्होंने ख़रीद लिये
हमारे खेल

खेल नहीं बचे
हमारे पास
अब सिर्फ़ खिलौने हैं...
उधार के खिलौने।

कलाकार

जाने दो जड़ों को
तनों को जाने दो
जाने दो कंटकों को भी
लेकिन कम से कम
पत्तियाँ तो सबकी कोमल होती हैं

पर हे खजूर!
तुम्हारी तो पत्तियाँ भी
इतनी नुकीली हैं
और गजब की चोखदार
लेकिन हम भी तो ठहरे कलाकार

उन्हीं से बनाएँगे झाड़ू
और बुनेंगे चटाइयाँ
तुम्हारा गला रेत कर
तुम्हें चुवाएँगे बूँद-बूँद
गंडस्थल के मद की तरह
रमज़ान के दिनों में
चुभलाएँगे तुम्हारा ही फल

तुम्हीं से बुहार कर
तुम्हीं पर बैठाएँगे
अपने थके-माँदे अतिथियों को
पिलाएँगे
तुम्हारा ही नैसर्गिक आसव।

बहुत डाँटूँगा

मैं अन्तरिक्ष में मशरूम बोऊँगा
और द्वितीया के चन्द्रमा से काटूँगा

मैं पाताल से अमृत खनूँगा
और औरतों में जम कर बाँटूँगा

मैं अग्नि-स्नान करूँगा
और हिमालय को बार बार चाटूँगा

मैं कुछ दोस्तों की भर्ती करूँगा
और वक़्त आने पर ख़ूब छाँटूँगा

मैं उस ईश्वर को फ़ोन करूँगा
और दुनियावी हरकत पर बहुत डाँटूँगा।

कट्टी

पहली कट्टी उस लोहे से
जिसकी इच्छा ख़ून
दूजी, चौराहे जिन पर
मृगरोमों के सैलून

तीजी कट्टी उन फूलों से
जिनका मधु नमकीन
चौथी उन तृणमूलों से
जो मौसम के आधीन

पाँचवीं कट्टी उजलों से
जिनके काले व्यापार
छठवीं जिनका ठेका चलता
भवसागर के पार

सातवीं कट्टी उस पट्टी से
जिस पर लिखा महान
अन्तिम कट्टी उस अपने से
जिसकी कटी ज़बान।

मक्के के दाने

छुड़ाए नहीं छूटते
नोच डालने पर भी
नाभिनाल बद्ध रहते हैं
बाली से
मक्के के कच्चे दाने
कितने सगे लगते हैं

पक जाने पर
वही दाने
इस तरह से हो जाते हैं अलग
मानो कोई नाता ही नहीं
बाली से
चिपकाने पर भी नहीं चिपकते
किसी भी चुम्बकीय बल से

ख़ुद बीज बन जाने की लालसा
क्या क्या नहीं कराती
माया से विरक्ति तक।

हलन्त

उसने कभी दावा नहीं किया
कि देवनागरी के
स्थापित वर्णों के संसार में
आरक्षित हो उसकी जगह
कि वह किसी मंत्र की टूटी हुई पूँछ है

तो उसे मिलनी ही चाहिए
चाकरी के लिए रियायत
उत्थान के लिए अनुदान
सन्धि के लिए आदेश
अथवा ऋचाओं में पैठ के लिए
कोई उदात्त अनुदात्त या स्वरित स्वर

वर्णों की जैविकी में
एककोशीय अमीबा की तरह
या किसी गोंजर की
जली हुई टाँग की तरह
या विकलांग वर्णों की
बैसाखी की तरह
बस किसी शब्द की
हुंकारी चाहिए उसे अथवा अपनापा

सदैव अन्त में या कभी कदाचित् बीच में
लेकिन सदैव

जिसे सबसे नीचे मिली जगह
जिससे आपस में मिले
दूसरी तीसरी चौथी दुनियाओं के शब्द
और बहुत सारे वर्ण

व्यंजनों को आधा करके
उन्हें अस्वर बना देने वाला
वह एकांग हलन्त

व्याकरण में
पाणिनि का
सबसे विश्वसनीय सहायक और सखा
हर सूत्र में उपस्थित
यह हलन्त भी
कुछ न कुछ हवा पानी तो लेता ही रहा होगा
वरना कैसे ज़िन्दा रहता अब तक

सूत्रों की टहल में
ख़िदमतगार की तरह नतशिर
प्रत्याहारों के निर्माण में
चिपको के कार्यकर्ता जैसा
वर्ण संगठन में सचिव की तरह
लेकिन वर्णों के चरणों में
अस्पृश्य जैसा
खड़ा रहने की
कोशिश करता हुआ
सदैव तिर्यक् और अवनत
एक चिह्न मात्र
जो कभी
अपने पावों पर
खड़ा नहीं होने पाया

उस वर्ण व्यवस्था में
सेवक की तरह
जो पंचम वर्ण भी नहीं बन सका
कि कभी अनुस्वार बन कर ही
वर्णों के गंजे सिर पर
खुटकी मार सकता
या हलन्त बने रह कर ही
वर्णों के पैर उठा कर
उतान कर देता उन्हें

हिन्दी में
अफ़सोस की तरह मौजूद
दरी से ज़मीन की ओर खिसकता हुआ जैसा
और हिन्दी के बाहर
शरणार्थी सरीखा दिन गुज़ारता हुआ
निर्वर्ण हलन्त!

इतने लम्बे युग से
भाषा के व्यूह से अविकल निकल कर
छोड़कर चरणचुम्बन
इतने नीचे से उठ कर
वह हलन्त
आज कविता का शीर्षक बना
तो यूँ ही नहीं!

इस प्रकार

यहाँ से ठीक
बीस बाईस किलोमीटर
उत्तर की ओर जाने पर
संसार के शरीर को गेहूँ की बाली से सहलाते हुए
काम से भेंट होगी

वहाँ से दाहिने
चार पाँच किलोमीटर की दूरी पर
अपना प्रतिद्वन्द्वी देखकर
ज़मीन खुरचारते
और सींगों से अमोला दरेरते
साँड़ की तरह मिलेगा क्रोध

वहाँ से भी दस पन्द्रह किलोमीटर बाएँ चलने पर
बात बात पर झुक जाने वाला
बाघम्बर या मृगचर्म बेचता हुआ
दिखाई देगा लोभ

और वहाँ से
चार पाँच कोस उत्तर बढ़ने पर
मरे हुए बच्चे को चिपकाए
बन्दरिया की तरह उदास
बैठा होगा मोह

उसे छोड़ कर
और चलोगे चार पाँच कोस बाएँ
तो अपनी पहुँच की हर ऊँचाई पर
पिछली टाँग उठा देते कुत्ते की तरह
कुकुरौंछी लगा व्याकुल होगा अहंकार

इस प्रकार
बाएँ से बाएँ से भी बाएँ उत्तरोत्तर
बढ़ते जाना अपनी बाईं ओर
वहीं कहीं दुबका होगा वह
जीवन का अभियुक्त!

दुख का घर

दुख भी
बहुत परेशान है इन दिनों
हर तीसरे के पास पहुँचना है उसे
आकाश से लेकर पाताल तक
उसकी जजमानी है

कितने फोड़ों में टपकना है उसे
कितनी आँखों में पत्थर बनकर रहना है
कितने गलों को करना है वाष्परुद्ध
ग्रहों और नक्षत्रों की
आज्ञा सुननी है उसे
फिर किसी आत्मघाती बम में बैठ कर
साबुत बच निकल आना है स्वयं

पानी में आग में अन्न में अस्पताल में सड़क पर
सबमें रहना है बेचारे दुख को
जहाँ जहाँ ईश्वर को रहना है
वहीं वहीं दुख की तैनाती होनी है
ईश्वर की तरह ही
हर ताले की चाबी दुख के पास है
पता चला
कि बाहर ताला बन्द है
और भीतर बैठा हुआ है दुख

सुख पर कोई अभियोग नहीं
उसके पास काम भी बहुत कम हैं
वह अति आज्ञाकारी सेवक है
गिने चुने लोगों की
टहल बजानी है उसे

वैसे नया साल आने पर
थोड़ी बहुत भागदौड़ करनी पड़ती है
सुख को भी
फिर विश्राम ही विश्राम है
चीज़ों में
अदृश्य की तरह रहता है दुख
जबकि सुख दृश्य की तरह

गरीबों के वास्ते बनने ही चाहिए आवास
वन्यों के लिए अभयारण्य
नभचरों के लिए पक्षी-विहार

क्या कोई कृपालु सत्ता
आएगी ऐसी कभी
जो दुख के लिए भी बनवा दे एक घर
रखवा दे कोई गीजर, ऑयोडेक्स और बाम
कम से कम रात में तो
थका हारा बेचारा दुख
अपने घर में रहा करे।

तो मैं यह कह रहा था कि...

[चन्द्रबली सिंह के लिए]

सूरज की तरह
एक आदमी
अपने कमरे में
अँधेरे से नफ़रत कर रहा है
बिजली की तरह चमक जाते हैं उसके दाँत
उसके हाथ उसके पाँव बन गए हैं
एक बटन दबाना चाहता है वह
और उसके होंठ काँप कर रह जाते हैं

एक प्रतिज्ञा लहराती है उसकी काया पर
कुछ सपने हैं उसके सिरहाने,
कुछ भाँजी हुई रस्सियाँ।

बाँस की पेड़ी की तरह
चहचहाते हैं उसमें कुछ पक्षी
पत्तों के पुराने सूपों को झाड़ कर
निकल रही है बग़ल से
एक नई करइल
सुदृढ़, शंक्वाकार पत्ताकृति

सामने तलछट में बची
चाय की एक प्याली उदास
जिसकी दीवारों से चिपकी है

कोई नम और ठंडी मिठास
जिसे धो देने पर लगेगा
कि अभी अभी किसी फैक्टरी से निकल कर
पदार्पण कर रही है
इस निभृत कमरे में

बहुत देर तक आदमी नहीं रह पाता
कमरे के शरीर में
प्राणों की तरह छोड़ कर कमरे को
निकल पड़ता है बार-बार
कि ताक ले उस दुनिया को ग़ौर से
जिसकी मिट्टी से बनी है यह देह

इस आदमी को देख कर
लगता है कि शरीर से बार-बार बाहर निकल कर भी
पुनः-पुनः शरीर में लौट आते हैं प्राण
गद्य से बने आदमी को
कविता में ढाल पाना
उतना ही मुश्किल है
जितना कि किसी संवेदनशील आदमी के साथ चलना

किसी भी पगबाधा से
जो अभी तक बाहर नहीं हुआ
जिसके लौटने की राह देखता देखता
सूना और उदास पड़ा है पैवेलियन
कच्ची मिट्टी के इस घर में
कैसे खिली है एक फूल जैसी आत्मा

उन हाथों की मुस्कान
और इस्पाती इच्छाएँ
किसी ध्वज की तरह लहरा रही हैं
हर सलाम को निरुत्तर करती हुईं

एक बेआवाज़ हिनहिनाहट
और एक अविनीत हँसी
जहाँ काटते हैं एक दूसरे को
वहाँ उगने लगता है
एक ऊर्ध्वगामी फ़व्वारे जैसा रेखाचित्र

ख़बर कर दो प्रेस परिषद् को
कि एक घास चरी हुई बलिष्ठता
किसी पारदर्शी पॉलिथिन में
पोटैशियम परमैग्नेट की लालिमा की तरह
झलक मार रही है
यहाँ बर्फ़ की अनन्त चादर से आच्छादित
आँसुओं का ऐसा समुद्र है एक
जिसे देखने के लिए
चिरकाल से
तरसते रह गए लोग

तो मैं यह कह रहा था कि...।

भरोसे का संसार

ज़मीन पर एक दूसरे को जगह देते हुए
और आकाश में एक दूसरे को छूते हुए पेड़
लाना चाहता था
पेड़ों को नहीं ला सकता था
पलाश के लाल-लाल
फूल मुरझा जाते
तुम्हारे पास तक आते-आते
तुम्हें तो खिले हुए फूल पसन्द आते हैं

थोड़ी सी बनैली हवा
और एक आदिवासी कुल्हाड़ी
लाना चाहता था
लेकिन रैक्सीन का बैग
फट जाने के डर से
एक छेदना तक नहीं ला सका वहाँ से

ज़मीन से कट कर भी
फिट भर बचे हुए
चौड़े-चौड़े ललाए पत्तों का
वह जंगली गमला लाना चाहता था
लेकिन उसे खोदने के लिए
जितना समय चाहिए उतना समय
जैसी कुदाल चाहिए वैसी कुदाल
और जितनी ताक़त चाहिए उतनी ताक़त

कहाँ से लाता?

देखो, इन चुटकियों में से शायद
किसी चिड़िया के अचानक चहकने का
कोई आसपास अनुवाद निकल जाए
और यह पॉलीथिन तो
पठारी जंगलों के चिलचिलाते घाम की आँच से
सिकुड़कर कुछ और ही बन गई है

जंगली पहाड़ों में थरथराते खड़े
घाम की सीट लपेट कर
उठा लाना चाहता था
जिसे ठिठुराती शीतलहर के दिनों में
बिछा देना चाहता था दरवाज़े पर

जब भी तुमसे वादा करके
निकला हूँ बाहर
कि कुछ न कुछ ज़रूर लाऊँगा इस बार
लेकिन हर बार
सिर्फ़ कुछ शब्द ला सका
देखो, इन शब्दों में से
अगर कभी
कोई
बदल सके फूल में या पेड़ में
लोहे में या गमले में
मुस्कान में या ऑक्सीजन में या चिड़िया में
तो शब्दों के वादे का संसार भी
एक भरोसे का संसार है।

11वीं की छात्रा

बचपन में
वर्णमाला सीखने की
ऐसी लगन थी उसके भीतर
कि वह अपनी उँगली को
कलम बना लेती
और ज़मीन को कागज़

इतनी अलंकार प्रिय थी
कि बबूल के फलों को मोड़ कर
कलाई में कंगन की तरह डाल लेती
महुए के फूलों को गूँथ कर मटरमाला पहनती
भूने चने को छील कर
सोने के लॉकेट की तरह
पहनने के बारे में सोचती

वह पहली साँस में लहर
दूसरी में भँवर
और तीसरी में आवर्त्त बन जाती

लोग उसे चावल की तरह टोना चाहते
लेकिन वह धान के आवरण की तरह अनुभूति कराती
जो उसे कमल का फूल समझ कर पकड़ना चाहता
मंगुर मछली की तरह डंक मारकर उसके हाथों से छूट जाती
कैमरों के सामने अक्सर अपना पंजा फैला देती

बोलते-बोलते चुप हो जाती
और चुप रहते-रहते बोलने लगती

मुलतानी मिट्टी और हल्दी
पत्थर के नीचे पिस जाती थीं
उसे कान्ति देने के लिए
मुस्कान ने उसे अपने होंठ दिये थे
भिंडियों ने अँगुलिपना
तीसी के फूलों ने नीली-नीली बत्तियाँ
प्रकृति ने उसे अपनी अल्पवयस्क सौतन समझ लिया था

जब वह पहली बार ऋतुमती हुई थी
तो जैसे क्षितिज की कोख में
सूर्य की भ्रूण हत्या हो गई हो
बड़ा भाई चाहता था कि वह
उसके आगे से भुंइयालोट हवा की तरह
आगे निकल जाए

जबकि वह मातृविहीना
एकान्त में
रोती हुई दो साल की छोटी बहन के मुँह में
खोल कर अपनी छाती डाल देती
छोटी बहन रोती
तो वह अपने आँसुओं से
चुपचाप जुगलबन्दी करती

एकान्त रुदन
और सामूहिक हँसी में
अडिग विश्वास था उसका

अचानक अपना साँचा तोड़ दिया था उसने
जैसे रात भर बाद की लौकी
या हो गई हो 25 दिसम्बर

अथवा एकाएक बढ़ गया हो बल्ब का बोल्टेज
लेकिन भ्रमित नहीं की थी इतना
कि पूर्णिमा के ज्ञान के लिए
आसपास के लोगों को देखना पड़े पंचांग
या नक्षत्रशालाओं को उठानी पड़ें अपनी दूरबीनें

कैरियर में बस्ता दबाकर
अपनी खड़ी साइकिल देखती
तो विश्राम और तेजी में एक प्रतियोगिता छिड़ जाती
साइकिल की गद्दी पर हाथ फेरती
तो साइकिल सूर्याश्व, बेदुला या चेतक जैसी सिहर उठती
बारहवें किलोमीटर पर पहुँच कर
ग्यारहवें किलोमीटर के शिलालेख तक पहुँचे
समय की प्रतीक्षा कर रही है वह
हालाँकि बहुत गत्यात्मकता उसे पसन्द नहीं
वरना इतनी गति है उसमें
कि चलेगी तो पता नहीं कहाँ पहुँच जाएगी

फ़िलहाल आंडाल, मीरा, लक्ष्मीबाई, ऊदा देवी
महादेवी, इन्दिरा, कल्पना चावला, मायावती इत्यादि
बनने के पहले
वह साइकिल से स्कूल पहुँचना चाहती है

आकाश की बिजलियों!
गिरना तो किसी ठूँठ पर गिरना
भारी वाहन के चालको!
ट्रक दौड़ाते हुए करुणा से भरे रहना
उड़ने वाली चिड़ियो!
उसे छाया करते हुए उड़ना
शुभकामना पत्रकारो!
कि रिज़ल्ट आने पर
मुखपृष्ठ पर तुम उसका फ़ोटो छाप सको
हे साइकिल की चेन! उतरना तो बीच में मत उतरना...!

कन्या छन्द

गर्भे कन्या
पित्रा हन्या
थू माता दी!
थू माता दी!

वैद्या वधिका
भ्रूणारधिका
तू माता दी!
तू माता दी!

गोष्ठे रसभा
पट पट पट भा
छू माता दी!
छू माता दी!

क्वचिन्मोदका
क्वचिन्वोदका
ह्वाट एवर
यू डू माता दी!

किसी पिता का स्वगत

प्रचारित किया गया था
कि वहाँ सैकड़ों लोग आए थे
जिनमें से पचासों तो वहाँ आने लायक ही नहीं थे
उनमें से आधे देखने लायक नहीं थे
उनमें आधे बात करने के क़ाबिल नहीं थे
बाक़ी में से तीन-चार ऐसे थे
जिनमें से एक वह भी था
और उसकी जगह उन तीन-चारों में से कोई भी हो सकता था

मसलन, वह 'ज़मीन बिकाऊ है' के नारे वाला मोबाइल नम्बर
वह अबू सलेम के साले के नौकर के स्वीपर का स्वीपर
वह पाँच साल के जादू से
झोंपड़ी को वातानुकूलित में बदल देने वाला धनी राम
या वह जनप्रतिनिधि के पीए का सरसराता हुआ पैड

इनमें से किसी का भी निवेदन शिरोधार्य कर लिया गया होता
अगर बीच में वह न होता
क्योंकि अव्वल नम्बर तो वह दिखाई देता है सज्जन
दूसरे काना लूला लंगड़ या लबड़हत्था न होने के साथ
उसका रंग भी अँगरेज़ों के रंग का है
सोने में सुहागा यह
कि उनके अपने बेटे का बहनोई साक्षात् कामदेव
और उनके बड़े भाई का साला तो हू-ब-हू नल
बस उसकी बेटी की फ़ोटो ज़रा रति से तीन मिलीमीटर ऊँची है

लेकिन इस एक बड़ी कोर-कसर को
उसकी लाचारी देखते हुए वे लोग माफ़ कर देना चाहते हैं
जबकि वे यानी लड़के की मॉम
दिल्ली में जनमीं, हिसार में हँसीं, चंडीगढ़ में बढ़ीं और पटना में पढ़ीं
अपने खुले विचारों वाले माँ-बाप की लाडली पार्वती जानती हैं
और मानती हैं कि शहर की लड़कियाँ बहुत ठीक नहीं होतीं
वे पति परमेश्वर को बेड-टी देने की बजाय
ख़ुद ही बेड-टी की ख़्वाहिश करती हैं
इसलिए कस्बाई माहौल की लड़की को
वरीयता देना उनके एजेंडे में है

उनके होनहार बच्चों के पुतले पिता
जो मूली और उसकी उपमा में भेद करना नहीं जानते
और जानते हैं कि हाव-भाव से लेकर लेन-देन तक
वे ख़ुद ही डील कर लेंगी
इसलिए धर्मनिरपेक्ष से लेकर परिवार-निरपेक्ष तक बने रहते हैं
और उनके आज्ञाकारी बच्चे पट्टू की तरह
भजते रहते हैं मम्मी-मम्मी

तो मम्मी ने शरणागत को
पहले अपने यहाँ आने की इजाज़त दी
फिर दी बैठने की जगह
फिर अपनी अलमारी में कोई एक कोना
फिर दिल में दी जगह
और आख़िर में जगह दे दी अपने चरणों में उसकी पगड़ी को

वह जनक के बारे में पढ़ चुका था
और जानता था कि विदेह बन जाना चाहिए किसी पिता को
वह कण्व के बारे में पढ़ चुका था
और जानता था कि बेटी की हृदयविदारक रुलाई
केवल एक बार विदाई में ही सुनाई देती होगी
वह निराला के बारे में पढ़ चुका था

और जानता था कि भले ही हर बाप निराला न होता हो
लेकिन हर बेटी एक सरोज ही होती है
और तब वह इमराना प्रकरण रोज़-रोज़ पढ़ता था अख़बारों में
पढ़ता ही जाता था महिला आयोग के अध्यक्ष का बयान
महिला विधेयक के न पारित होने के समाचार

वह जनक बनकर कण्व बनकर निराला बनकर और इमराना का बाप बनकर
नहीं जाना चाहता था बेटी के वहाँ और जाना चाहता था
बेटी उसे रोज़-रोज़ याद करती
और वह बेटी को भूल जाना चाहता था
लेकिन चाहे काठ का बाप हो
और पत्थर का कलेजा
बेटी की सिसकी
उसके कलेजे को कर देती है रेज़ा-रेज़ा

रेज़ा-रेज़ा होने से पहले
बाप का दिल हुआ खजूर की पत्तियों जैसा
फिर हुआ कपड़ा साफ़ करने वाले ब्रश जैसा
और फिर हुआ जूता पालिश करने वाला ब्रश जैसा
जैसा कि उसे हो ही जाना चाहिए था

बाप ने उन बापों के बारे में सोचा
जिनकी बेटियाँ हँस-हँस कर विदा हुईं घर से
या जिनकी बेटियों को घर से विदा होने की नौबत ही नहीं आई
अथवा जिनकी बेटियाँ ही बेटों की तरह रह गईं घर में
या जिनकी बेटियाँ सिलबट्टा, जाँत, ढेंका या मिक्सी, तवा, कड़ाही
आदि बनकर रह गईं
या कि जिन बापों की बेटियाँ बहुत से बापों के बेटों के कारण
पहली और आख़िरी बार घर से निकलीं और कभी नहीं लौटीं

बेटियों को लौटना चाहिए का सूत्र पकड़े-पकड़े
वह चला ही गया बेटी के यहाँ

जहाँ पहले की मर्यादाओं ने
उस नगर की ज़मीन पर पाँव रखने
या वहाँ के कुएँ का पानी पीने तक से मना कर दिया था

लेकिन मनाहियों से बढ़ कर होता है
बाप और बेटी के बीच का मृणालसूत्र
जब बढ़ती ही गई वह डोर
तो सारी मनाहियों को झटक कर
वह उस निषिद्ध क्षेत्र में पहुँचा
जहाँ रडार की तरह आँखों ने उसकी तलाशी ली
लेकिन वह निरपराध पाया गया
फिर भी वह अपराध भाव से घुसा बरामदे में
जहाँ सबसे नीचे तहिया कर रखी मुस्कानों ने
उसका स्वागत किया

उस स्वगत पिता ने
ठंडी होती चाय विहाय
उस कमरे में देखा
कि उसके पीएफ का फ्रिज धधक रहा था
कि बन्द वाशिंग मशीन बेआवाज़ घरघरा रही थी
कि चमचमाता हुआ सोफ़ा सिर झुका कर बैठा था
जिस पर कि वह स्वयं बैठा था
बेटी के हाथों स्वागतम् लिखा तकिये का गिलाफ़
नमकीन हो चुका था

वहाँ एक डोलती परछाईं थी
जो उसकी तनया नहीं थी बिलकुल
जब वह वहाँ से चलने लगा
तो हवा भी किनारे हट गई चौखट से
पीछे-पीछे चलने लगी वह परछाईं भी
लगा कि दुनिया की बेयरिंग फूट गई है

वह दिन था या कि काल रात्रि
लगता था सूरज रो देगा
ब्रह्मांड अभी फट जाएगा
मस्तिष्क सन्तुलन खो देगा।

पूर्वांचल में इंसेफलाइटिस

स्तनों के दूध
रोके नहीं रुकते
आँखों के आँसू
अनिद्रा से
जल्द-जल्द पेशाब होता है
कि जिनके नौनिहालों, दुधमुँहों को
मार डाला है जापानी मच्छरों ने

उन पितरों के सम्मुख
पहुँचने के पूर्व
मुँह में कालिख पोत लो सरकार
या उन दवाओं को ही मार दो
कि जिनके मारने से नहीं मरते
ये अमर मच्छर!

मच्छरों के काटने से
यों रुदन बेजार हाहाकार?
जनता नाटकी हो जा रही सूत्रधार

या उन सिपाहियों को डाँट दो सरकार कस के
फ़जीहत कर दो फ़रियादों की जमके
लगा दो एक सौ चौवालिस विलापों पर
क्रन्दनों को सीज कर दो फ़ाइलों में
या डिवीज़न की डिवीज़न फ़ौज

अर्द्धसैनिक बल
सीमा सुरक्षा के सुभट
सब इधर ही भेज दो सरकार
एक हलका बल प्रयोग
समय की आत्यंतिकी दरकार

एक अर्जी और है सरकार
कि अस्पतालों में
कफ़न की भी एक भव्य दुकान हो
जिसमें दुधमुँहों के शव बराबर
रखे हों कटपीस
रोहित की दरों पर

ज़िला परिषद
विकास परिषद
न्याय परिषद
विधान परिषद
अपि च मंडी परिषद समवेत
साहित्य परिषद भी करेगी
आप के दरबार जय-जयकार!

कूटनीतिक चाल हो
महामाया जाल हो
भनन भिन भिन भिन
आप स्वाहा बोलिए तो
मच्छरों के क्लोन भी
हो जाएँगे उच्छिन्न
मच्छर साम्प्रदायिक हैं :
शिशु-प्राण के प्यासे
क्या बताना आप से?
सरकार की जब नहीं सुनते हैं
बड़े सरकार

तब नाक, कान, गला वाले डॉक्टरों की
बढ़ा दो भर्ती धुआँधार

पुश्तैनी गन्दे हम
बाप के भी बाप के
ख़ुदा के भी नहीं
जितने ख़ास बन्दे आपके

आख़िरी ख़्वाहिश यही सरकार
हमें भी अब भेज दो किस्सी तरह
हमारे नौनिहालों के पास
हमारा तो गला सूखा है
बोलने में हो रही तकलीफ़
आँख में आँसू नहीं आते
जल्द-जल्द पेशाब होता है...।

कहिए श्रीमान् उखारबेंट

चन्दन चर्चित भाल और कंठी लटकाए
कहिए स्वामी विद्वेषचन्द्र कैसे उपराए

पूज्यपाद पर कौन आपदा आ घहराई
सहसा किसी नराधम की सुधि कैसे आई
धूमकेतु की तरह उगे आकस्मिक कैसे
बिना हेतु के नहीं घूमते भगवन जैसे
पूछ रहा हूँ समाचार तो दाँत निपोर रहे हैं
बार-बार धर्मावतार कन्धे झकझोर रहे हैं
इतने में तो कितना रफ़ा-दफ़ा कर लेते
भक्तों को भवसागर के ठेके दे देते

कामदेव रति की मिलती होंगी नियमित सेवाएँ
कौन विभाग बचा जिसमें भवदीय रिक्त निविदाएँ

जेठ दुपहरी माघ भोरहरी भादों आधी रात
किसी समय मिलिए सिवान में तब हो जम के बात
मिलते कभी कभार रात घर रोज रहे हम
पशु पौधों के लिए दवाई खोज रहे हम
खेतों में लिखी पसीने से पक्की ज़बान हम
आधा भूसा तीहा पिसान माने किसान हम

हँसिया खुरपी कन्नी कुदाल फावड़े खियाये
कहिए श्रीमान् उखारबेंट कैसे उपराए

ये बिच्छू के डंक और काँटे साही के
सम्पुट में रखिए अपनी मुस्कान तबाही के
उन्मादों के चूर्ण यहाँ पर नहीं बिकेंगे
मंडल भर में इसके ग्राहक नहीं दिखेंगे
सीधे-सादे लोग फ़सादी सौदा तेरा
डाल-डाल पर जाल डालकर घेर न घेरा

वहाँ पधारो जहाँ तुम्हारे सींग समाएँ
उलटे छूरे से मुड़वाकर गदहे पर बैठाएँ
चलिए स्वामी विद्वेषचन्द्र अब चौक घुमाएँ।

हाथा मारना

उसने पूछा कि अब तक मैं कहाँ था
मैंने बताया कि खेत में था
उसने परिहास किया
कि कृषिमंत्री, मुख्यमंत्री, उनके प्रतिनिधि
तमाम लौह विचारक और योजनाकार
उर्वरक और कीटनाशक
हरियाली के जिंक और डंकल के बीज
सभी तो किसानों के लिए हलकान हैं
लेकिन तुम कवि आदमी खेत में क्या कर रहे थे?

मैंने कहा कि हाथा मार रहा था
वह चकरा गया और बोला
हाथ तो जानता हूँ, हाथी समझता हूँ
हथियाने की कला भी सीख चुका हूँ
लेकिन यह हाथा मारना क्या होता है
क्या यह आँख मारने, झख मारने या रेड़ मारने जैसा
कोई मुहावरा है?

मैंने कहा, पहली बात तो यह
कि हमेशा मुहावरे में बात करना मुझे अच्छा नहीं लगता
दूसरे, मैं स्वयं
अपनी कविता का अर्थ बताने वाला कवि नहीं
यानी कि मैं ऐसी कविताएँ लिखता हूँ
जो लौट कर कभी कवि के पास नहीं आतीं

तीसरे, काग़ज़ पर मैं उतना अच्छा नहीं लिख पाता
इसलिए खेत में लिख रहा था
अर्थात् हाथा मार रहा था

उसने कहा
तब तो यह हाथा निश्चय ही कोई स्थानीय शब्द होगा
और तुम कविता में इतने भदेस शब्दों का
इस्तेमाल करते हो
कि कोई बैचलर लड़की तुम्हें प्यार नहीं कर सकती

मैंने कहा, अव्वल तो मैं लिखने के लिए
शब्दों पर निर्भर नहीं करता
इसे यों समझो
कि भाषा से क्रियाएँ सम्पादित नहीं करता
बल्कि क्रियाओं से भाषा सम्पादित करता हूँ
कुछ कर रहा होता हूँ
तो समझो लिख रहा होता हूँ
दूसरे, लिखना
मेरे लिए प्यार करने का साधन नहीं है

इस गप्पबाज़ी के बाद
हाथा शब्द पर आता हूँ
क्योंकि यह तुम्हें इतना आपत्तिजनक लग रहा है
जैसे यह कोई आपत्तिजनक मुद्रा हो

तो हाथा के लिए
पहले बढ़ई के पास जाना पड़ेगा
फिर जाना पड़ेगा लोहार के पास
जिसने इसमें ठोंकने के लिए
लोहे का बन्द बनाया
और कहा जाता है
कि बढ़ई की अक्ल तब काम करती है

जब लकड़ी बढ़ी हुई हो
और लोहार की तब भी काम करती है
जब लोहा घटा हुआ हो

समझ गया, समझ गया, वह बोला
इसके माने हाथा
कोई बेल्चे जैसी चीज़ है

मैंने कहा
तुम शब्दों को पहेली की तरह समझने के आदी हो
जब कि मैं उन्हें कहानी की तरह
कहने में यक़ीन करता हूँ
हाँ, हाथा काठ का बेल्चा ही है
बेल्चे से ठोस चीज़ें उठाई और फेंकी जाती हैं
जबकि हाथा से पानी

जहाँ ज़मीन अचढ़ होती है
वहाँ के पौधे
हाथा के ही सपने देखते हैं
उनके लिए पातालतोड़ कुएँ
जैसे गूलर के फूल
नहरें जैसे आकाश गंगाएँ
पम्पिंगसेट जैसे हाथी के सूँड़
नदियाँ जैसे प्लास्टिक की साड़ियाँ

हाथा का विकल्प केवल बादल हो सकते हैं
लेकिन बादल ही भरोसेमन्द होते
तो हाथा की नौबत ही क्यों आती

उसने कहा
कि किसान क्रेडिट कार्ड
फ़सल बीमा

कृषि अनुसन्धान केन्द्र भी तो
हाथा के विकल्प हो सकते हैं
और कविता के नए विषय भी
तो क्यों तुम उसी गाँव, खेत और अटेलू मटेलू में
पड़े रहते हो कंठमाला की तरह

मैंने कहा
जो खाऊँगा वही बताऊँगा
जहाँ गया वही जगह
जिससे मिला उसी का नाम
पसीना गिराया तो ख़ून नहीं बता सकता
सहयोग को सहायता नहीं कह सकता
समझौते को सहअस्तित्व पुकारना मेरे बस की बात नहीं
गद्य को कविता नहीं कह सकता तो नहीं कह सकता

हरामी लोगों का कभी अकाल नहीं रहता
इसलिए अब मैं
लुप्त होती जा रही है चीज़ों पर
इतनी ख़राब कविताएँ लिखना चाहता हूँ
जिसमें कवित्व नाम की चीज़ न हो
और हो सके तो पढ़-सुनकर
लोग मुझे गालियाँ और अभिशाप दें
और छपाई कलाईकेन्द्रों से बहिष्कृत कर दिया जाऊँ
फ़ुटपाथ पर दुकान लगाऊँ पांडुलिपियों का
जहाँ पुलिस अपने डंडों से
फाड़ डाले काग़ज़ों को

हमारे वक़्त के
कुछ चश्मदीद नमूने हैं :
कि शब्दों के ख़ून छिटके हैं जगह-जगह
कि सारे कुकर्म रोशनी में हो रहे हैं
कि वक्तव्य से बड़ी भूमिकाएँ हैं

कि रो रहे हैं नाखून और बाल
कि गलत उद्धरण दिए जा रहे हैं
कि किस सफ़े पर लिखा जाएगा इत्यलम्

कुछ लोगों के लिए
सोचने का काम फ़ायदे का है
कुछ लोगों को कहीं गिरी हुई मिल गई है
घोड़ा ख़रीदने की एक रसीद
और वे अश्वारोही मान लिये गए हैं
कुछ को मिल चुकी है त्रिभाषा फ़ार्मूले की सज़ा

मुझे माफ़ करना
अचढ़ ज़मीन के सूख रहे पौधो
मैं जैसे हमला करने के लिए
हाथा मार रहा हूँ
आभासी परछाइयों से पटे
जिबह किए गए मौसम
अनभ्यस्त उरोजों
और चूतड़घिस्स के इस पर्व के पूर्णाहुति पर
मेरे हाथा मारते हुए हाथों को पकड़ लो
इसके पहले कि
ठीक हो जाए ट्रांसफ़ार्मर
और फ़ोन नेटवर्क बिजी रटना बन्द कर दे
हम कोई झरना पकड़ कर लटक जाएँ पहाड़ों से
किसी कैमरे के क्लिक होने से पहले

अब भी
सुबह सुबह सूरज
धूप की अपनी दरी बिछा देता है
कि जगत के सारे दीन-हीन-बैठकर
पंचायत कर सकें
कि किधर मोड़ना है वक़्त को

पानी का मुँह किधर हो
और किधर हो बिजली का मुँह
टेलीफ़ोन का चोंगा उलटा रखा जाय या सीधा
कि बर्रोह की तरह सारे तार नोंच कर
हिन्द महासागर में फेंक दिए जाएँ?

किसान यूनियन की
हरी-हरी टोपियों का मुँह
सुग्गों की तरह सुर्ख़ हो गया है
उनके पंजों में टांस लगी है
और पंखों पर
हेलीकॉप्टरों से किया गया है
शहद का छिड़काव

सोंटों के नथुने फड़क रहे हैं
सड़ी हुई प्याज़
सड़ा हुआ आलू
और खेतों में अपने हाथों जलाए गए गन्नों के साथ
आत्महत्या की लाशों का समवेत बू
लालक़िले के ऊपर मँडरा रहा है
इत्र में भीगी रूमालें हलकान हैं
कि यह किसानों का देश है या श्मशान है

धरती को भी
कई बार दिल का दौरा पड़ चुका है
पृथ्वी सूक्त की रचना करने वाले ऋषि
शेषनाग, गैलीलियो, धन्वन्तरि और उपग्रहों को
भेजे गए हैं परिपत्र
कि वे पहुँचे ह्वाइट हाउस
दशमलव तीन तीन तीन सेकंड के भीतर

चिन्ता कोई मामूली चीज़ नहीं

आम आदमी का बदन ही
उसका निवास स्थान है
लेकिन किसी ख़ास आदमी को
वह आँखों से भी दिख जाए तो
वह बार-बार ठीक करता है अपना नेकटाई
उसे तुरन्त जुक़ाम हो जाता है

कि इस पृथ्वी बचाओ सम्मेलन में
हिस्सा लेने वालों के माथे पर
दिखाई देनी चाहिए चिन्ता की लकीरें
थोड़ा पसीने का प्रबन्ध हो जाए तो और अच्छा
चेहरों पर चेचक जैसे दुख
और दुरात्माओं को भगाने के लिए
सुलगती रहे चाँदी की अँगीठी में लोहबान

अबकी जगदीश चन्द बसु ने
इस पृथ्वी बचाओ महोत्सव की
अध्यक्षता करने से इनकार कर दिया तो क्या
हरियाली के अचार
काँच के पारदर्शी जारों में सजाए गए हैं
पानी के हाथों को पीछे से बाँध दिया गया है
और नवजात हवा नाक रगड़ रही है उन फर्शों पर
जिन पर मृगचर्म के जूतों की
परछाइयाँ बिलख रही हैं

इस प्रदर्शनी में
खेती के सारे औज़ार
करीने से लगाए गए हैं
धार से कम
और अपने भार से ज़्यादा काटने वाला
वह आदिकालीन गड़ासा भी है
नोक से कम

अपनी झोंक से अधिक खोदने वाली
ब्रह्मकालीन खन्ती भी है
मूठ से कम
झूठ से बेसी चलनेवाली खुरपी
और तनी एकनली की तरह ढेंकली
जिसमें बरहे से बँधी सरगपताली कूँड़
आप के दिमाग़ को
चकराए बिना नहीं छोड़ सकती

ऐसे ही कुदाल, हँसी जैसी हँसिया
और भूत के पिछले पाँव की तरह फावड़े
जिन पर मिट्टी का एक भी कण नहीं

यहाँ मैं भी दिख जाऊँगा
अँगूठा लगाते हुए
जिसे प्रमाणित करेगा कोई सक्षम अधिकारी
कि मैं कोई धाँधली नहीं कर सकता
कि मेरी पहचान करने वाला कोई है इस चौथी दुनिया में

दर्शन नगर से देखने वाले आए
ज्ञानपुर से समझने वाले
प्रेमनगर से कई रसियां
दूसरी दुनिया के कुछ दंगा विशेषज्ञ
और मरने पर आए वैद
तथा पृथ्वी पर कविता लिखने वाले कवि

किसी ने बताया कि पृथ्वी का नमक कम हो गया है
तो चलाना चाहिए नमक आन्दोलन
किसी ने पूरक प्रश्न उठाया
कि चार महीने रजस्वला रहती हैं नदियाँ
तो सिरे से दूर नहीं हो सकता प्रदूषण
प्रेमियों का कहना था कि खिन्नमना वसुधा को

धीरे-धीरे चूमना चाटना चाहिए

दंगा विशेषज्ञों ने चेतावनी दी
कि सन्तुलन बनाए रखने के लिए
जहाँ जिस मजहब के जितने अधिक लोग हों
उन्हें कत्ल कर देना चाहिए
कवियों की राय थी
कि शब्दों में मधु, घी, शिलाजीत, राख,
साही के काँटे
या सोडियम-रेडियम जैसे तत्व
भर देने चाहिए
विचारों के डिसपोज़ेबल सिरिंज से

राष्ट्राध्यक्षों और पर्यावरण मंत्रियों ने
पक्का आश्वासन दिया
कि पृथ्वी को बचाने के लिए
झोंक दी जाएगी सारी ताक़त
न आने पाएगी बाढ़
न जाने पाएगा सूखा
न असिंचित रहेगी सूच्यग्र भूमि
कुछ नहीं तो बीच में खड़ा कर दिया जाएगा
उत्तोलक का सिद्धान्त!

हाथा मारते-मारते
मेरे पखुरे भर गए हैं
अचढ़ ज़मीन पर पानी चढ़ाते-चढ़ाते
पानी में खड़े-खड़े
मेरे हाथों और पैरों की चमड़ी
सिकुड़ कर सफ़ेद हो रही है
कमर दर्द कर रही झुके-झुके
चूर-चूर हो रहा है बदन

यह जानते हुए भी
कि थूक चटाकर मुसरी नहीं जियाई जा सकती
मूत मूत कर धान नहीं उपजाया जा सकता
पहले छेद पर ही रखी हो उँगली
तो फू फू करके रह जाएगी बाँसुरी
सूप पीट-पीट कर
भगाया जा रहा है दलिद्दर
अंडे और कुम्हड़े फोड़-फोड़ कर
तड़फड़ाए जा रहे हैं प्राण
अगरबत्ती सुलगा कर
भरी जा रही है कोख
और मैं और मेरे जैसे
जाने कितने शुष्कमति
जाने किस उम्मीद में
हाथा मारे जा रहे हैं अचढ़ ज़मीन पर

सारा पानी ढुलक कर आ रहा है
हमारे ही पैरों की ओर
तो मैं पागलों की तरह आँख मूँद कर
ऊपर की ओर
उछालने लगता हूँ पानी
जैसे आसमान ही
संसार का सबसे बड़ा रेहार है

तीन हाथ की सीढ़ी ठहरी
सात हाथ के पाँव
आसमान में हाथा मारें
लड़बक पूरा गाँव!

झरती ओस के परदे में
अभी अभी निकला
पंचमी का पीला चाँद

गरम सरसों के तेल की कटोरी जैसा
पुरसा बराबर दिख रहा है
जिसे एड़ी उठाकर
अभी मैं उतार लूँगा
और आहिस्ता आहिस्ता मालिश करूँगा
अपने थके, हारे और सिहरते बदन पर

भविष्यवाणियों का
बाज़ार गर्म है
क्या पता कि किसके चमक जाएँ कब सितारे
कौन छू जाए पारस से
कौन पड़ जाए रामानन्द की खड़ाऊँ के नीचे
किसके दाहिने दिख जाए नीलकंठ
और किसकी रुकती छींक के सामने
कौन बन जाए सूरज?

एक कलारहित रुलाई
मेरे गले में अटकी है
मेरे गालों पर ढुलके हैं
कटे बबूल के लासे जैसे आँसू
जिसे हँस हँसकर चाट रहे हैं कुत्ते
मैं डर रहा हूँ
कुत्तों के दाँतों की रैबीज से
और खुश भी हूँ
उनकी अमृता जीभ की कल्पना से
जिससे चाट चाटकर
वे अपना बड़े से बड़ा घाव ठीक कर लेते हैं
अगर घाव गरदन पर न हो तो!

तो मैं हाथों में हाथा पकड़े पकड़े
यानी कि काठ का कोई बहुत बड़ा चम्मच
यानी कि पानी उलीचने का बेल्चा

यानी कि खेतों में प्यासे पौधों का सपना पकड़े पकड़े
निंदियाया हूँ
कभी स्त्री-पुरुष योग देखता हूँ
तो कभी स्त्री-स्त्री योग
कभी हाइड्रोजन-ऑक्सीजन योग देखता हूँ
कभी कदली स्तम्भ और हँसिया योग
और जैसा कि घोषित किया जा चुका है
कि अगला युद्ध पानी के लिए लड़ा जाएगा
तो मैं दूध की ओर खड़ा हूँगा
कि खून की ओर
कि तेल की ओर
कि ओस की ओर
पौधों की ओर कि बादलों की ओर
प्यास की ओर कि पखारने की ओर
मंडूक की ओर कि मूषक की ओर?
हमारे असमंजस ही
हमारे दुख हैं
कविता की खेती में
जितने सुख हैं
खेती की कविता में
उतने ही दुख और असमंजस

दुख की कुछ
कलमी किस्मों में
समस्याओं की मंजरियाँ निकल रही हैं–
किसी भी विधि से
देश को घायल, अपाहिज या लूला लँगड़ा बनाकर
प्रकट होने के लिए
सहानुभूतियाँ मचल रही हैं–
सहानुभूतियों की पैंसठ अदाएँ
और इतनी ही कलाओं की कलाएँ
किसके उसमें जाएँ?

जबकि अनाथ दुख
कुछ दूसरे किस्म के हैं
हाथ हाथ भर के खेतों में
हाथा मारना है
चमगादड़ की तरह टूटे छाते से
धूप रोकना है
नमक का टुकड़ा चाटकर
पानी पीना है
और सभ्य बनने से बचना है

हमें नहीं मालूम कि
दुखों को सींचने के लिए
किस किस से बना पानी चाहिए

अगर वर्षा ऋतु आई
तो तालाबों के महा कड़ाह में
उपराएँगे मैथुनरत मेंढक
जिन्हें पकौड़ों की तरह देखेंगे साँप
शरद ऋतु में
तालाबों की सतह से उठेगी भाप
जो पशुपक्षियों के लिए
होगी चाय का विकल्प

लेकिन गर्मियों में
मेंढक चले जाएँगे रसातल में
तालाबों में
छूने भर को
पानी वानी नहीं होगा
और पशुओं के नासापुटों से
चूवेगी लार

फिलहाल मैं

कागज से बाल बाल ऊपर
या मीटर भर नीचे
हाथा थामे खड़ा हूँ, खेत में
अगर हाथा कोई कलम हो तो!

परिहास करते करते
उसने उपहास किया
कि कविता में
अब तो खेती के सारे औजार आ चुके हैं
यही हाथा मारना भर बाक़ी बचा था...।

यमक
(सन्मित्र कपिलदेव की याद के साथ)

अलग-अलग जातियों के
अलग-अलग अन्तर्मन वाले
अलग-अलग अर्थार्थी
शब्दों का युग्म
मिलकर बनाता था यमक अलंकार

ऐसा आभास होता
कि एक ही घड़ी में एक ही कोख से जन्मे होंगे दोनों
वही सर्दी, वही गर्मी, वही तुषारापात झेले होंगे
होंगे एक ही वजन के
एक ही साबुन से नहाए होंगे

लगता था कि
यदि अकेले एक शब्द को न्यौता गया
तो मुँह फुला लेगा दूसरा
या दूसरे की अवहेलना की गई
तो पहला कर देगा
सारी काव्य-योजना का बहिष्कार

न कोई लिंग भेद दिखाई देता
दोनों में
न वचन भेद
यहाँ तक कि
एक ही धातु और प्रत्यय से

बने लगते दोनों
या एक ही नाटक में दो सूत्रधार
लेकिन अभिनय में
एक नायक निकलता तो दूसरा प्रतिनायक हो सकता था
या एक के सेवन से
आदमी में आ जाती थी मादकता
तो दूसरे के संग्रह से
जैसे कि कनक-कनक में ही था

एक जैसे रूप या चेहरे या प्रकार के
अलग बगल बैठते थे कैसे दो शब्द
कि आपस में
एक का कान होता तो दूसरे का मुँह
एक के पैर के बायाँ अँगूठा छू जाता
दूसरे के दाएँ अँगूठे से
या एक ही गिलास में
दोनों ही पी लेते एक एक घूँट पानी
या मुँह पोंछ लेते एक दूसरे की रूमाल खींचकर

ऐसे यमक में
दूसरे कनक में
भला कहीं होती है वस्तुगत मादकता?
यदि पहले कनक में
न होती कोई मादकता
तो दूसरा कनक भी
क्या हो सकता था मादक
किसी भी न्याय से?

क्या एक ही पाठ के
नहीं होते थे कई कई पाठ
क्या अर्थ के सम्पर्क से
अर्थवान नहीं होते
दूसरे भी अर्थ

क्या अभिनय को
अभिनय ही नहीं बनाता गतिशील?

वही स्वर, वही व्यंजन, वही साक्षरता
ऐसी गणमैत्री कि रेफ भर अन्तर नहीं
कविता का अलंकार बन जाने के लिए
कैसे इकट्ठे हो जाते थे ऐसे वर्ण स्तवक
कि दाँतों तले अँगुली दबा लेते थे काव्य रसिक
या मुँह पीछे करके पोंछ लेते आँख
या बढ़ा देते थे हाथ
जिसमें न पहले कनक का नशा होता
न दूसरे कनक की पण्यमूलक चमक

बल्कि यह देखकर
कि कैसे दो देश के
दीगर परिवेश के
दो खान पान के, दो साँझ बिहान के
दो दो उनवान, दो जीवन निकाय के
दो अर्थच्छवि, दो भाषा समुदाय के
मान, अपमान, अभिमान तक विहाय के
दो अवर्ण लोक के शब्द-युगल
आकर बैठ जाते थे अगल बगल
संग संग उड़कर या पैदल
कविता के आवाहन पर

राजा का राज गया, पाट गया राजा का
कविता से व्याकरण के चले गए दिन
कई सौ सालों का राज रसराज का
उसके ही साथ गया राज पंडितराज का
आत्मनिवेदन का बाप भक्तिकाल गया
असली और नकली शृंगार का दलाल गया
कविता पर कविता का खड़ा रीतिकाल गया
कई कई वाद गए

आकर विवाद गए   गए जिन्हें जाना था
आए जिन्हें आना था
जाने का दुख भी हुआ
आने का सुख भी
जितना कि होना था
पाँच सौ विलाप रहा
पाँच ग्राम रोना था

लेकिन मैं लेकिन यह
स्वयं यमक रहा कह
कि कविता का
केवल बेल बूटा भर नहीं था वह
लक्षण भर नहीं था, न ही परमादेश
कविता की कोई फितरत भी नहीं था
कवि की दिमागी कसरत भर नहीं था

यमक एक हसरत था
कि एक धातु एक रूप एक स्वर व्यंजन से
बिम्ब प्रतिबिम्ब जैसा शब्द युगल
कैसे बैठ जाता था अगल बगल
दोनों के कक्कन
छूटे किस रेले में
खोया किस मेले में
वह वर्णसाम्य ध्वज
या झंडों ने बाँट लिये
आधे आधे दो भाई

जाहिर है
कि पहले का यमक
हमारे समय का यमक नहीं हो सकता
काश! इसे मैं किसी और भाषा में कह सकता
लेकिन तैर रही है ऊपर ऊपर
मूज के भूए की तरह

यमक की आत्मा
डर रही हो जैसे
कि उतरने से
पानी में पड़ जाएगी
या किसी अंगारे पर
अब हर शब्द
दूसरे जैसा
दिखने से कतराता है
संकटों में
सबसे बड़ा हो गया है
पहचान का संकट
और इस संकट से उबरने के लिए
कोई चला आ रहा है
विदर्भ की राह पकड़े
कोई पांचाल पथ से
तो कोई गौड़ देशीय होने की अकड़ लिये हुए
कोई हद से
तो कोई बेहद से
कोई गुणीभूत है
कोई अर्थांतर संक्रमित
तो कोई...

कहने वाले कहते हैं
कि कोई सरोवर से उपजा है
तो कोई पंक से,
कोई अम्बु से तो कोई पय से
बहुत फर्क नहीं रहा अर्थ में
सबके सब लगभग पर्याय
है कोई नया सम्प्रदाय

खेद यमक खेद
हाय यमक हाय!

मान्यता

बहुत से स्थानों को
मान्यताएँ मिलीं
नदियों से

पहाड़ों से,
मान्यताएँ मिलीं
बहुत से स्थानों को

बहुत से स्थानों को
मिलीं मान्यताएँ
दुर्गों से, जंगलों से, समुद्रों से

जहाँ से छोड़े गए उपग्रह
जहाँ से किए गए परमाणु-विस्फोट
जिन जिन चौकों पर हुए नरसंहार
घाटियों, मकबरों और तीर्थ स्थानों से
मान्य हुए बहुत से स्थान

स्त्रियाँ पड़ाव रहीं
और पुरुष यात्री

चिरकाल से मान्यता के लिए
आवेदन करती आ रही है विलख रही स्त्री
और हर काल में

निरस्त कर दी जाती है उसकी मान्यता

हर बार
शंख के भीतर से
साबुत निकल आने की कला
दिखाती रही स्त्री
हर बार घोंघे की तरह
सामने मिला पुरुष।

आज की रात

कल जो जो कहोगे
वो वो खाना बना दूँगी
प्याज, लहसुन, नमक और मिर्चा मिलाकर
वो मोटी रोटी सेंक दूँगी खरी खरी
उस दिन मजूरी के बदले
बड़े बाबू ने जो पुरानी नीली वाली
कमीज दी थी उसे फीच दूँगी

अपनी भूख में से
आधी भूख मुझे दे दो
मेरी खटिया में से आधी खटिया ले लो
मेरी कथरी से दो तिहाई कथरी
चाहो तो पूरी चादर ले लो
या ओढ़ लो मेरी आधी साड़ी ही
जहाँ मन हो वहाँ मेरे बदन पर रख लो हाथ
मेरी नींद में से आधी नींद ले लो
लेकिन हाथ जोड़ती हूँ
बगल में सोए बिट्टू की कसम
आज रहने दो।

कोई नदी है यह

कोई नदी है यह
जिसका नाम
मैं नहीं जानता

जेठ में
आधी सूखी
और आधी बह रही है नदी

नदी ने
अपने आँचल को
दो भागों में
बाँट लिया है
जिसके आधे भाग में
खेती होती है
और आधे भाग से
सींचती है नदी
अपनी अधिया फसल

यह एक ऐसी नदी है
जिसके वक्ष में
जैसे एक स्तन
किसी माँ का हो
और दूसरा
किसी कुमारी का

इस आँचल की
शायद यही पहचान है
कि जेठ में नदी
आधी बूढ़ी
और आधी जवान है।

दो शब्द

दो शब्द
खोजते खोजते
साँझ हो गई
इतनी देर में किसी क्षुधातुर को मिल गया कहीं कौरा
झख मारने वालों को बर्तन भर रोहू
मधुमक्खियों ने तैयार कर लिया पूरा छत्ता
डॉक्टरों ने वसूल लिए हजारों रुपए फीस
बच्चे लौट आए स्कूलों से

मैंने कबूतरों के एक जोड़े को देखा
देवताओं की युगल मूर्तियाँ देखीं
एक युवती के वक्षों को देखा और सोचा
कि उन्हें लिख कलम से
लेकिन हठ की तरह
वे वहाँ से हटने को तैयार नहीं थे
जैसे शब्दों में आ जाने पर
वे शब्दों से छोटे बन जाने से आशंकित थे

शब्दों के बारे में न्याय क्या कहता है
क्या कहता है व्याकरण
क्या कहता है मीमांसा
क्या कहता है साहित्य और अर्द्धनारीश्वर?

इतने फोन हुए दुनिया में

इतने फैक्स भेजे गए
इतने सान्ध्य, मध्याह्न और प्रभात खबर वाले
अखबार छपे
इतने अंकों का जोड़ घटाना हुआ
साँझ तक लेकिन मुझे दो शब्द नहीं मिले
या तो मैं हर चीज़ को शब्द समझ लेता
या हर शब्द को कोई चीज़
मैं ऐसा नहीं कर सकता था
दीपक, कपूर, लालटेन, बल्ब, ज्योतिदंड, चन्द्रमा
सबके सब जले
खोजते खोजते साँझ हो गई
लेकिन मुझे दो शब्द नहीं मिले
जहाँ भी दो चीज़ें मैंने एक साथ देखीं
मुझे लगा कि अब साँझ होने को है

अन्त में
मैंने उस कमीज की ओर देखा
जिसके सारे बटन टूट चुके थे
और जो सूई और डोरे की ओर
कातर भाव से देख रही थी।

अफसोस

कम खर्च करना चाहिए पानी
आग की तो वैसे भी बचत करनी चाहिए
ज़मीन तो खर्च की ही नहीं जा सकती

अपने हिस्से भर के आकाश में
कोई तारा मंडल बनाना चाहिए
हवा का अपव्यय तो कोई कर ही नहीं सकता
हाँ, दो चार साँसों की कटौती की जा सकती है

पैसे तो वैसे भी कम खर्च करने की मजबूरी है
प्यार तो निखर्चे पर ही चलता रहा
जाने कैसा एक आदमी
अपनी आँखों की सारी रोशनी
इस दुनिया को देखने में खर्च कर डाला

कुछ लोगों का सोचना था
कि दिमाग, पैसा, सेवा, पेट्रोल, चाय, नम्रता या चापलूसी में से
क्या खर्च कर दिया जाय तो क्या मिल जाएगा
जबकि जोड़ घटाने से अलग वह दोस्त
ज्यादा से ज्यादा खर्च करके
निहाल हो जाता था

इस तरह तो सबकुछ ठीक है अपनी जगह
बस इधर जीवन ही

कुछ अधिक खर्च हो रहा है
पाँच में से
दो बैट्री तो चली ही गई
अफसोस किसी चीज़ का विकल्प नहीं है
लेकिन अफसोस
कि इतना कुछ खर्चे हो जाने के बावजूद
खर्च करने का सऊर नहीं आया

अब जो कुछ बचा है
उसकी खुशी में
अपने पैरों से अपनी पीठ ठोंकनी चाहिए
और इसके पहले
कि कोई गला पकड़ ले
जोर से चिल्लाना चाहिए
नाद बन जाना चाहिए
मिट्टी में मिल जाने से पहले।

जीवन वृत्तान्त

उठाया ही था पहला कौर
कि पगहा तुड़ा कर भैंस भागी कहीं और

पहुँचा ही था खेत में पानी
कि छप्पर में आगि लगी बिटिया चिल्लानी

आरंम्भ ही किया था गीत का बोल
कि ढोलकिया के अनुसार फूट गया ढोल

घी का था बर्तन और गोबर की घानी
चाय जैसा पानी पिया, चाय जैसा पानी

एक हाथ जोड़ा तो टूट गया डेढ़ हाथ
यही सारा जीवन वृत्तान्त रहा दीनानाथ!

यही हमारा झंडा है

काम से ज़्यादा नाम के
बहुत-से उदाहरण मिल जाएँगे
हमारे समय में

बीता हुआ कल
और आने वाला कल भी
भले ही दो नामों से पुकारा जाए
लेकिन वह भी
नहीं होगा इसका अपवाद
उस मौसम में
हवा का वेग कुछ ज़्यादे रहा होगा
ज़्यादा साफ रहा होगा पानी
और मिट्‌टी की बेइमानी ने भी
सम्भव बनाया होगा इसको
ज़्यादा ही बनते रहे होंगे प्रमाण-पत्र

काम से कम नाम वाले
उदाहरण भी मिल जाएँगे
हमारे समय में
जिनके लिए कम चली होंगी हवाएँ
कम बरसे होंगे बादल
कृपण रहा होगा अंशुमाली
गन्दा रहा होगा पानी
ज्यादा ईमानदार रही होगी मिट्‌टी

—

उन दिनों

दशमलव के बाद आने वाले
और जिनका कोई दिन रविवार नहीं होता
असंख्य काम और शून्य नाम जैसे
लोगों की सूची
अभी तक अप्रकाशित है

ऐसी घटतौली के भी
बहुत से उदाहरण
मिल जाएँगे
न्याय के अन्धे तराजू के नीचे
जिन्हें टोकर
भी हम जान सकते हैं
हर समय में
जब बरगद के नीचे
पौधे बड़े हो जाते हैं
तो सूक्तियाँ काम नहीं करतीं
उठ कर नारे खड़े हो जाते हैं

फिलहाल
हर काल
हर देश
और हर समाज के लिए
हमारी एकसूत्रीय माँग
विचाराधीन है–
यही हमारा झंडा है
यही हमारा बैनर
यही हमारा धरना
यही हमारा जाम
काम बराबर नाम!

गुंजाइश

नौकरी भर दूरी बची है
हुंकारी भर भाषा
लिहाज भर हँसी
कन्धे भर ऊँचाई

चिढ़ भर नाराजगी
बहिष्कार भर असहमति
तराजू भर स्वार्थ
और कागज भर शब्द बचे हैं

किसी बातचीत की गुंजाइश तो
इसके बाद ही बचती है...।

मुट्ठी में कुछ नहीं रखा है

बन्द मुट्ठी
बच्चे की ओर बढ़ा कर उन्होंने पूछा
बताओ इसमें क्या है

सोच सोचकर हैरान हो गया बच्चा
कि मुट्ठी में टॉफी होगी या पैसा या कोई तितली
या कोई चीज़ होगी या कंकड़ या मिट्टी?
लेकिन बता नहीं सका कि मुट्ठी में क्या है

उन्होंने चुनौती दी
कि हार गए तुम
तो खिसिया कर बच्चे ने पकड़ ली मुट्ठी
और बल भर बल लगा कर खोलने लगा
लेकिन मुट्ठी नहीं खुली तो नहीं खुली

वे मुस्कराने लगे
तो व्यंग्य से आक्रोशित हो गया बच्चा
और किचकिचा कर काट लिया दाँत
खुल गई मुट्ठी
लेकिन मुट्ठी में कुछ नहीं था तो नहीं था
बच्चा देखता रहा अवाक्
एक गलत प्रश्न से
जूझने से दुखी

उस बच्चे ने फिर फिर सोचा
मंत्र गूँजते कान में
मुट्ठी में कुछ नहीं रखा है
जो है सो मैदान में।

नई कहावत

कहावतों में एक नई कहावत बन्नी है
देश का प्रधान मंत्री होना बहुत टफ है
लेकिन गाँव का प्रधान होना टॅफेस्ट

दो चार लोगों को सरकार कहने के बदले
सौ दो सौ लोगों से सरकार सुनने की
लालसा का भूत है प्रधानी
रातों रात परसुआ से परसुराम बन जाने का जिन्न
जनता को जीतने
और उसे हराने का नाम है चुनाव
लोकतंत्र में
हमेशा एक आदमी से हार जाती है जनता
और एक आदमी से जीत जाता है विजेता

वैसे तो हर सूरत में अद्वैत रहना चाहता है
निर्विरोध होना चाहता है प्रधान
लेकिन जब खड़ा ही हो जाता है कोई विरोध में
तो प्रधान अपने समर्थकों को
भले न पहचान पाता तो ठीक ठीक
लेकिन अपने विरोधियों की
शिनाख्त कर लेता है ठीक ठीक
कि किसने चुनाव की पूर्व सन्ध्या पर
उसके दारू और मुर्गे का सेवन नहीं किया
और चुने जाने के बाद

कौन नहीं गया उसकी बस में
अयोध्या, कुशीनगर या बहराइच

पंचायती राज का सबसे कुशल खिलाड़ी
जिसका दूसरा नाम है बन्दरबाँट
गब्बरसिंह की सुरती की पीक से
बनता है प्रधान का लार
रस्सी की ऐंठन से
बुना जाता है प्रधान का मन
साही के काँटे से
लड़ा जाता है प्रधान का चुनाव
शकुनि के दिमाग से
चलती है प्रधानी
और गधे के पंचम पद से
लिखा जा रहा है गाँवों का भाग्य

अब सवाल यह है
कि इतने गाँवों के
इतने प्रधानों की साज-सम्हाल करने वाले
देश का प्रधान होना टॅफेस्ट है
या जल्दी ही बनेगी
फिर कोई नई कहावत।

बाँस की जड़ें

खोदने में इसको
अब छूटती रुलाई
बाप ने
जो बाँस की ये खूँटी लगाई
सीढ़ियाँ बनाने के वास्ते
जिसके सहारे
वे चढ़ते खपरैल पर
बरसात के पहले
अनगने के लिए
या पेड़ पर
छत्ते से मधु निकालने के लिए
अथवा कुएँ में उतरते
गिरे हुए पशु परानी
या लोटा बाल्टी गगरा निकालने के लिए

उन्हीं बाँसों से उन्होंने
बाड़े भी बनाए
खपच्चियाँ भी ठोंकीं
टोकरी और टोकरियाँ भी बीनीं
धरन बनाई छप्पर छाई
उन्हीं बाँसों को खोदने में
अब छूटती रुलाई

रुलाई

अब मोह से कम
दुख से ज्यादा छूटती है
क्योंकि उन्हीं बाँसों की
हरी-हरी सीढ़ियों की अर्थी पर
वे हमारे ही कन्धों पर
सदा सदा के लिए
विदा हुए हमसे
उन्हें कन्धा देने के लिए
हम अपनी बहनों को भी बुलाना चाहते थे
लेकिन अपनी ससुराल में वे
गरुण पुराण के फटे हुए पन्नों से
अपनी दुधमुहीं पोतियों की टट्टी साफ कर रही थीं

उन्हीं बाँसों में से
निकलने लगीं नई नई करइलें
बढ़ने लगीं हमारी नींव की ओर उनकी जड़ें
जो अम्बेडकर और गांधी ग्राम की योजना में
ग्राम प्रधान को 5000 का
अग्रिम सुकराना दे कर बनी थीं
भीतर ही भीतर
पसरने लगीं बाँस की जड़ें
दीवारों में पड़ गई दरार

अब हम काटने लगे
बाप के लगाए बाँस
जो न पेड़ों में गिने जाते थे
न पौधों में
फिर भी वनस्पति जगत के अकाट्य सबूत थे
फिर उसकी जड़ों को
खन खोद कर उच्छिन्न करने को ठाना
तो पता चला कि
बाँस की जड़ों का आन्तरिक गठबन्धन

कितना जकड़ा हुआ और उलझाऊ है
कि किसी एक औजार से
नहीं चल सकता काम

बाप जी लोग भी
ज़मीन में रोपने के वास्ते
जब कहीं से खन खोदकर लाए होंगे
बाँस की जड़ें
तो उन्हें भी छूटी होगी
ऐसी ही रुलाई
जैसी मेहनत की कमाई
जो मोह से कम
दुख से ज्यादा छूटती है...।

यह तैल चित्र

एक जमाना 'हंस' का भी था
'नया खून' और 'नया जमाना' का भी एक जमाना था
लेकिन यह तैलचित्र 'धर्मयुग' और 'हिन्दुस्तान' के जमाने का है
कुर्ते की शिखर बटन बन्द है
गले की हँसुली चुप
नथुने ऑक्सीजन खींचने की परखनली
चेहरा छीले गए खलिहान की तरह
माथा आसमान
आँखें दो मेघखंड
मूँछें उगी हुई फसल
और होंठ पानी भरा चोंड़ा

विचित्र कहीं से नहीं लगता यह तैल चित्र
लेकिन यह किसी न किसी कर्जदार का चित्र जरूर लगता है
जिसके दिल में
उग रही है उन्नतशील देसी बीजों की जरई

इतना भर्राया हुआ तैल चित्र
जैसे एक आदमी का आधा चेहरा
जिसका आधा किसी आइने ने हड़प लिया हो
जैसे इस आदमी ने दुनिया का कुछ न बिगाड़ा हो
लेकिन इसकी इच्छित दुनिया किसी ने बिगाड़ कर रख दी हो
यह आदमी आप से कुछ पूँछ नहीं रहा
सिर्फ़ आप से कुछ कह रहा है

इसके दूसरे सफे पर
श्यामकुमारी देवी का संस्मरण छपा है—
प्रेमचन्द मेरे 'जेठ'

न मैं चारूचित्र संग्रह कर्ता हूँ
न अलमबरदार
लेकिन 1980 में छपा
यह खुरदुरा तैलचित्र
मुझे ठीक से जागने भी नहीं देता
मैं क्या करूँ?

1980 में मेरे घर की भीत मिट्टी की थी
और छत खपरैल की
भीत में बड़े बड़े ताखे काढ़े गए थे
उन्हीं आलमारियों में
मैंने अपनी किताब, कापियाँ और कागज ठूँसे थे
अकसर उनमें परत दर परत दीमक लग जाते
उन्हें फटकार कर मैं धूप में सुखाता
नीचे का स्तर झलरा होकर करकट में बदल जाता
फिर साज सँवार करते
कागजों के थोक के बीच से
बार-बार सलामत निकल आता
यह खुरदुरा तैलचित्र
कोई अनजान चेतना
पसन्द की चीज़ों को बार-बार बचा लेती है

तब ढिबरी और लालटेन से भी
संगत कर लेती थीं आँखें
अब धूप में भी बिना चश्मे के
हर आदमी का चेहरा
एक तैलचित्र ही प्रतीत होता है

कागजों को उलटते-पलटते
बार-बार कहीं बीच से
निकल आता है यह तैलचित्र
और बार-बार सोचता हूँ
कि इसे फ्रेम में मढ़वाकर
लगा दूँ दीवाल पर
लेकिन इच्छाएँ अधूरी रह जाती हैं हमेशा
इस चित्र को देखते हुए
कभी मैं दस तक पूरा नहीं गिन पाता
पाँच के बाद ही लगता है
खड़खड़ा रहा है कागज
और अभी निकलकर खड़ा हो जाएगा वह

एक गिरफ्तार धज हक्का बक्का कर देगा
हम उत्सवधर्मी बाबुओं को
जिसकी आँखें बरसने लगेंगी
सूख रही फसलों के लिए
या मोम की तरह पिघल कर चूने लगेगा
फटी हुई बेवाइओं की दरार में
या कुंडली मारकर बैठ जाएगा गेंडुली की तरह
सिर और ईंटों के बीच
अथवा गैमेगजीन की तरह
बुक्का बुक्का धुरिया कर
निपटने लगेगा गेहूँ के बीजों से
घुन और पाई के खिलाफ
इस 2008 में
जब किसानों की कर्ज माफी की घोषणाएँ हो चुकी हैं
तब मेरे अपने गाँव में पड़ा-पड़ा
कर्जदार सा दिखाई देने वाला यह तैलचित्र
किसी न किसी बहाने क्यों इनकार करता है
शीशे में मढ़ दिए जाने से
अथवा अपने सारे खिलौने तोड़ देने वाला

मेरा दुधमँहा नाती
इस चित्र को फाड़ डालने की बजाय
क्यों बाबा-बाबा कहकर
बार-बार मेरी आँखों के सामने
लाकर रख देता है प्रश्नवाचिक चिह्न

आदमी के बाद सिर्फ़ आदमी की बातें नहीं
बातों के मकसद रह जाते हैं
आखिर क्यों मेरे कागजों के बीच से
मुंशी प्रेमचन्द बार-बार निकल आते हैं
और इनकार कर देते हैं
शीशे में मढ़ दिए जाने से।

मसखरे

आप बैठने जा रहे हैं
तो पीछे से खड़ी कर सकते हैं खटिया
आप ने जमुहाई के लिए मुँह खोला
तो झोंक सकते हैं मुट्ठी भर बालू
आप ने एक दिन की मजूरी माँगी
तो पकड़ा सकते हैं एक हजार की नोट
बेवजह आपकी साइकिल की छुच्छी खोल सकते हैं
मसखरे कुछ भी कर सकते हैं

एक बार किसी अखबार में पढ़ा था
कि किसी स्कूल के शौचालय में
बाहर से चिटकिनी चढ़ा दिया था कर्मचारी ने
अगले सप्ताह तक छुट्टी थी
और एक बच्चा तड़प तड़प कर
शौचालय में मर गया था

लेकिन चपरासी ने कोई मसखरी नहीं की थी
बल्कि वह एक मानवीय भूल थी
कि ऐसी हृदयविदारक घटना घटी अनजाने में
जबकि मसखरे जो भी करते हैं
जान बूझकर करते हैं

नागरी नाटक मंडली के प्रेक्षागृह के बाहर
बहुत ऊँचे बने झरोखे वाले शौचालय में

खड़े खड़े सोचता हूँ
कि अगर कोई मसखरा
बाहर से कुंडी चढ़ाकर चलता फिरे
तो चौफेर नहीं सुनाई देगी हमारी आवाज़
चिल्लाना बनकर रह जाएगा अभिनय
कार्यक्रम के बाद उठ जाएगा मेला
और मसखरे तो मनपरके होते हैं

दुनिया के किसी प्रेक्षागृह में
रोज रोज नहीं होते कार्यक्रम
कि अगले ही दिन
जुट जाएगी भीड़ अच्छी खासी
और जरूरतमन्द खड़े हो जाएँगे
कुंडी खोलने के लिए
जिसमें से निकलेगा एक अधमरा आदमी

फूलती ही जाएगी मेरी साँस
निकलता जाएगा दम पर दम
एक एक कर याद करूँगा
कि कितने प्रकार से
रो सकता है आदमी

इस अँधेर नगरी में
मसखरे कुछ भी कर सकते हैं
किसी को खिसियवा सकते हैं
रुला सकते हैं रुलाई की हर विधा में
सभ्येतर ठहाके लगा सकते हैं

लेकिन नागरी नाटक मंडली के
इस प्रेक्षागृह में
जुटे हैं कला और संस्कृति से जुड़े हुए लोग
मंडली के सफाई कर्मचारी

चाय नाश्ता कराने वाले भाई जी लोग
अभिभावक जैसी शुक्लाम्बरा शकुंतला शुक्ला
परंच कला और संस्कृति के नाम पर
हो सकते हैं इसमें कुछ मसखरे भी
फिर भी पूरा है विश्वास
कि धीरे-धीरे हो जाएगा ऐसा
कि मसखरे केवल बचेंगे नाटकों में
ऐसा हमारे कानों में कह रहे हैं
मुझ पचास वर्षीय अष्टभुजा के
पैंतीस वर्षीय भारतेन्दु काका
इस अँधेर नगरी के अँधेरे में।

शौकत अली से एक बातचीत

(ग्राम अहिरौली के नौटंकी और रामलीला के कलाकार
दिवंगत शौकत अली की स्मृति को)

इनसे मिलिए
ये हैं शौकत अली

अच्छा शौकत जी
इससे पहले आप क्या करते थे?
मैं नाटक करता था

आप नाटक क्यों करते थे?
नाटक करना अच्छा लगता था
क्यों अच्छा लगता था?
देखिए सिरीमान् जी
हर क्यों का जवाब देना बहुत मुश्किल होता है
अच्छा, यह बताइए
कि सफल कलाकार कौन होता है?
जो असल को बिलकुल भूल जाए
और नकल को ठीक ठीक उतार सके
वही मेरी समझ में अच्छा कलाकार होता है
क्या असल को एकदम भूल जाना
और नकल को ठीक ठीक उतार लेना इतना आसान होता है?
देखिए, थोड़ी देर के लिए
असल को एकदम भुलाया भी जा सकता है
लेकिन नकल? प्रायः दिख जाता है

वह एक का सवा या पौन इंच हो जाता है
जिसमें नकल दिख जाता हो
वह असफल कलाकार होता है

अच्छा शौकत जी
आप नाटकों में कौन-कौन सी भूमिकाएँ निभाते थे?
देखिए
हर कलाकार हरदम किसी न किसी
समस्या से ग्रस्त रहता है
तो हर बार नाटकों में काम करते समय
एक न एक पात्र अनुपस्थित रहता था
अतः हर नाटक में
प्रायः मुझे दुहरी तिहरी भूमिका निभानी पड़ती थी
क्या दशरथ? क्या मंथरा?
शौकत जी!
कुछ लोगों का मानना है
कि संसार एक रंगमंच है
और हर आदमी एक पात्र
इस बारे में आपका क्या कहना है?
सुनिए,
हर जगह रंगमंच नहीं होता
और हर जगह आदमी नाटक भी नहीं करता
और हर समय आदमी कलाकार ही नहीं होता
जैसे मैं हरिश्चन्द्र बनकर
बेटे की लाश लेकर अपनी पत्नी से
कर के रूप में आधा कफन माँगता हूँ
तो रंगमंच पर होता हूँ और नाटक करता हूँ
लेकिन जब मैं
अपने बीमार बेटे को लेकर
डाक्टर के पास रिरियाता और गिड़गिड़ाता हूँ
तो नाटक नहीं करता

जो हर समय कलाकार होता है
वह आदमी नहीं होता।
अच्छा, शौकत जी
आखिरी सवाल है
मज़हब के बारे में
आपका क्या ख़याल है?

इनकार में सिर हिलाते हुए
पहले पानी माँगा उन्होंने
फिर गला खँखारते हुए बोले—
इतना बेरहम सवाल है
कि कोई जवाब नहीं सूझ रहा
और साक्षात्कार के अन्त में
शब्दों की जगह
कुछ ख़ामोश टप् टप् सुनाई पड़ा...।

छोटे छोटे आलू

एक तो उबाले नहीं जा सकते
लेकिन हर चीज़ उबाली जा सकती है
वाले सूत्र से यदि उबाल भी दिए जाएँ
तो छीले नहीं जा सकते
लेकिन हर चीज़ छीली जा सकती है
वाले सूत्र से छील भी दिए जाएँ किसी तरह
तो न छिलके का पता चलेगा न गूदे का
केवल अँगुलियाँ और नह चिपचिपाकर रह जाएँगे

दूसरे भूने भी नहीं जा सकते
लेकिन हर चीज़ भूनी जा सकती है
वाले सूत्र से भून भी दिए जाएँ जैसे तैसे
तो सिर्फ़ राख हासिल होगी
इतने छोटे छोटे आलू हैं

लेकिन यदि ज़मीन में गाड़ दिए जाएँ
बिना किसी दुश्मनी के
और रोपी हुई चीज़ों को
प्यास भर पानी देना चाहिए वाले सूत्र से
सींच दिए जाएँ किसी तरह
कुछ छोटी मोटी मेहनत और कर दी जाए
तो इनसे तैयार हो सकती है
पूरी की पूरी फसल...।

सबसे करुण
(स्व. कवि शलभ श्रीराम सिंह के लिए)

फट गया दूध
लेकिन कोई आवाज़ नहीं हुई

ऐंठ गई
बाँस के कइनों की हड्डियाँ
लेकिन कोई चटक नहीं सुनाई पड़ी

रो पड़े
क्रूरताओं के नाखून और बाल
बिना किसी सिसकी के

गल कर पानी हो गई बर्फ
लेकिन कुछ नहीं खटका

उड़ गया फ्यूज
बिना किसी धमाके के...।

ए.सी. तृतीय

फर्ज कीजिए
यह डिब्बा आपका शहर है

इस डिब्बे में छोटे चोर कम आते हैं
मूँगफली, चने, भुट्टे और
अमरूद वाले तो बिलकुल नहीं
सूरदास या किन्नर फटकने नहीं पाते
तकिया, कम्बल, चद्दर वगैरह
देने वाला कर्मचारी
सर, बाबूजी, साहब, मैडम जैसा कुछ कहकर
बढ़ जाता है आगे
पीछे मुड़कर देखने की
उसकी नहीं होती हिम्मत
बिना आपके फरमान के

हिन्दुस्तान में लेकिन
चाय देने वाला
आपके बिस्तर तक
पहुँचने का हकदार है
चाहे आप जिस श्रेणी में हों

ए.सी. तृतीय के इस डिब्बे में
कम रोते, कम भूखे, कम शरारती बच्चे भी
बच्चों के बाप की तरह पेश आते हैं

दोपहर की धूप को
सुबह की धूप जैसा दिखाने वाले शीशे
बाहर वालों के लिए
एक अदृश्य पहेली की तरह
बना देते हैं इस डिब्बे को

एक ऐसा काँच
जिससे बाहर का रोना, बिलखना
भेंटना, दौड़ना, गिरना, हाँफना
सब दिखाई देता है
लेकिन भीतर का
चवन्नी भर मुस्कुराना भी नहीं

भिन्नहीं भिन्नहीं भी नहीं खुलतीं
खिड़कियाँ इस डिब्बे की
इस डिब्बे में
जिन्दगी के हिसाब से कम,
कानून-कायदों के हिसाब से
ज्यादा चलते हैं लोग
हिन्दुस्तान में खासकर

हिन्दुस्तान में अब
न तो ए.सी. में
कोई बर्थ खाली मिलती है
न जनरल में
शौचालय खाली रहता है
कई अनारक्षित वर्ग के
लोगों ने भी
आरक्षित वर्ग में शामिल होने की
कोशिशें अपनी
जारी रक्खी हैं

खेल-खेल में
हो जाता है आरक्षण
अब खिड़की के पास भी
जाने की जरूरत नहीं
एजेंट या दलाल ही
करा सकते हैं बहुत कुछ
टिकट वितरण में
पक्की है गणित उनकी
और जरूरतों को धता बताती
खेलों की विविधता

यात्रा तो नहीं रोक सकता कोई
लेकिन इस चक्काजाम में
आपका फँसना पक्का है
जो कच्चा है वही बच्चा है

लेकिन जाना ही है लोगों को
तो कोशिश करके
पाना चाहते हैं बर्थ
सबसे नीचे वाली हो तो अति सुन्दर
बगल की नीचे वाली हो तो क्या कहने
यदि कोई उपाय न चलता हो
तो सबसे ऊपर वाली भी गनीमत है
क्योंकि चोर उचक्के भी तो
सबसे पहले नीचे वाली पर ही
रखते हैं अपनी पहली नजर

सबसे नीचे वाली की
आधी खिड़की और आधा शीशा
सामने वाले का है
तो आधा पक्का आपका
बगल के नीचे वाली की

पूरी खिड़की और पूरा पारदर्शी आपका है
यहाँ किसी भी मुद्रा में
रह सकते हैं आप
अपनी सज्जनता या ढिठाई के साथ
और कोई भी आसन कर सकते हैं
ट्रेन में कोई पागल ही सोच सकता है
शीर्षासन के बारे में
और खड़ासन के लिए तो
गैलरी बनी होती है हर डिब्बे में

लेकिन जनाब
यदि आप मिडिल बर्थ में हैं
तो न आपके सामने कोई खिड़की होती है
न कोई शीशा
ऊपर नीचे ताक-झाँक करना भी
एक सभ्य आदमी को शोभा नहीं देता
जितने भी कोण से देखना चाहें
वहाँ आप केवल अपने को देख सकते हैं
अपनी दाढ़ी पर
कायदे के हाथ भी नहीं फेर सकते
आपकी जेब पिराने लगेगी
बैठने को तो सोचिए मत
लेटे-लेटे सोचते रहने की
खुराफात से पीड़ित हों तो
यहाँ केवल शवासन लगा सकते हैं
जिसमें सोचना भी मना है

इस मिडिल बर्थ में पड़कर
अकड़ कर बोल पाना भी सम्भव नहीं
मन ही मन मनाइए
कि यह डिब्बा
आपका शहर न हो।

व्यापार

कन्नौज में इत्र का व्यापार होता है
रामपुर में चाकू का
रामनामी अँगोछे का व्यापार तीर्थ स्थानों में होता है
तो कफन का हर बाजार में
देह का व्यापार घर-घर में होता है

कार्ड के दाहिने या बाएँ पैर की ओर
नाम छपने का भी व्यापार होता है
सड़ी-गली सोपारी का व्यापार अलग होता है
पीछे-पीछे चलना भी एक व्यापार है
मुस्कुराना व्यापार की अर्वाचीन मुद्रा है

किसी व्यापार में
जलपान के लिए नमक का टुकड़ा नहीं परोसा जाता
व्यापार में किसी को खाली हाथ नहीं लौटाया जाता
कभी-कभार लागत में भी घाटा उठा लेता है व्यापार
देश-प्रेम और देवी देवताओं के नाम पर
फूलता फलता है व्यापार
पक्का व्यापार
किसी नंग धड़ंग पागल की, पश्में छीन लेने में भी
कोई संकोच नहीं करता
मरने में, महकने में, हलाल करने में
सहवास में, नशे में या होश-ओ-हवास में
कुत्ते की तरह हँसता, शेर की तरह रोता है

और कोई हँसी खेल नहीं है जनाब!
व्यापारी व्यापारी
और व्यापार व्यापार होता है।

अटर पटर लिखा होगा उसमें

अगल के खेत में
गेहूँ छपा था
वैदिक सूक्तों की तरह
बगल के खेत में
तन्तु तन्तु फैली छपी थी मटर
उसके भाष्य की तरह
तिरछे कोई साँड़ गया है क्या
दोनों लिपियों को रौंदता हुआ?
मकड़जालों पर
शीत पड़ी है
जैसे कोई सफेद दुपट्टा
चिथड़े चिथड़े होकर
खजूर के पौधों पर अटका है
सूरज की लाली
खून की छींटों की तरह फैली हो जैसे
वहाँ से तो चावल चला था
यहाँ आकर कैसे भूसी हो गया साला?

आदमी तो आदमी
कमीना मौसम भी
गरीबी का मजाक उड़ता है

चाँद और सितारों से भरा आकाश
हम ज़मीन वालों का स्वर्ग है

स्वर्ग वालों की
वही ज़मीन हो शायद

ऐसा ही कुछ अटर पटर लिखा होगा उसमें
वर्षों से
शिकायत पेटिका में बन्द
पत्र की तरह है कविता

मैं चाहता हूँ कि सुनवाई हो, सुनवाई हो!

इन्हें शब्दों से मत कुचलना

जले हुए प्लास्टिक की तरह
सिकुड़ रहा है इतिहास

एक खच्चरी उदासी
घूम रही है अपनी खुरों पर
जबकि पवित्र इच्छाएँ
व्यभिचार की हद तक
तुम्हें पाना चाहती हैं

कर्ण फूल की सेवाएँ देना चाहते हैं
तीसे के नीले नीले फूल
इन्हें शब्दों से मत कुचलना
जिन्होंने तुम्हें डरते डरते छुआ
उनका उद्धार हो गया
चलो, अब खुशबुओं के नरक में चलें
जहाँ कामनाओं का बिछौना बिछा है

कामदेव और रति सो चुके हैं
अब हमारे जागने की बारी है
क्योंकि घड़ी ने बजना बन्द कर दिया है

जला हुआ इतिहास
कलम पकड़े हुए खड़ा है
किसी भग्न प्रतिमा की तरह

रंग खोज रहे हैं तूलिका को
और शब्द हँस रहे हैं

इसके आगे
कुछ भी कहना सम्भव नहीं
कि पेड़ की छाया
तमाचा भर चोट की तरह
पृथ्वी के गाल पर झनक रही है।

आफिस

सस्ते दामों में
बहुत ही सुन्दर शब्द
अब बाजार में आ गए हैं
ये मुस्कराते हुए शब्द
आपके हाथ पाँव तक दबा सकते हैं
आपके इशारे पर लुटा सकते हैं अपना सब कुछ
बीमा है इन शब्दों का
और हर काम करा लेने का अनुबन्ध
आकर्षक ब्याज पर
आसान किश्तों में भुगतान की सुविधा है

आसमान से ऊपर और पाताल से नीचे तक
सोचने वाले एक प्रतिशत लेखकों, कवियों, पत्रकारों
को ध्यान में रखकर निर्मित किए गए
इन हर शब्दों पर मैन्यूफैक्चरिंग डेट पड़ी है

सुगन्ध में घी से भी आगे
बासमती के भात से नरम
पहले दिन ब्यायी गाय के वात्सल्य से भी ममतालु
शब्द अब आपके कस्बे में भी उपलब्ध हैं

कोई शब्द अवज्ञा करता हो, बदचलन हो
तो वापसी का काउंटर
चोबीसों घंटे खुला रहता है

उसे तुरन्त वापस कर दें

वस्तु नहीं विश्वास खरीदें
शब्द नहीं सुविधाएँ खरीदें

स्फोट के विषय नहीं नहीं रहे अब
ध्वनियों के चक्कर से मुक्त
जीभ, कंठ, तालु, दंत के प्रपंचों से निर्बन्ध
बदल चुका है शब्दों का कार्यालय
अब वे आँखों की आफिस में बैठते हैं

रह गया अबोध

कच्चा मांस दही के संग
काट रहे बाबू बजरंग

लिये किशोरी के वक्षोज
भाग रहे दस पाँच मनोज

जंगल की शैतानी आग
नहीं जानती राग विराग

दो औरत एक मरद समान
छपी कहाँ से बुक रहमान

सात समन्दर के अवतार
होंगे कैसे नाले पार

विश्वबोध के गुरु सुबोध
अठभुजवा रह गया अबोध!

हमनी के

जितना तोड़े
उतना टूटे
तब तो जाकर
फन्दे छूटे

साँस साँस के
लिए रसातल
में ठोके हैं
गंठगर खूँटे

भाप भाप से
टकराई तो
नाजुक नाजुक
बुल्ले फूटे

पूरब पच्छिम
उत्तर दक्खिन
सब निकले
दिक्सूचक झूठे

दूने तिगुने
पाँच गुने पर
मिले अगरचे
शब्द अनूठे

माँगे, छीने
कीने, बेसहे
हमनी के
शोभा-निधि लूटे!

मशरूम केयर ऑफ कुकुरमुत्ता

गई नवाबी
गुजरे नवाब
बेमतलब के वे रुआब
काफूर हुए सब आब ताब
फारस के वे नस्ली गुलाब
अब मुल्क़ मुल्क़ में हैं जनाब!

दिन दिन छोटे हो रहे चमन
जेबों में खुशबू और अमन
फूलों के होठों पर पपड़ी
चौतरफ जाल बुनती मकड़ी
त्रिभुवन का बैनामा करते वाग्वीर
चातक तक भी खो बैठे अपने जमीर
कुत्तों का कौरा, चींटी की चीनी-पिसान
चिड़ियों का दाना गटक, ठठाता बेईमान!

जो शौक
सनक की हद तक थे
वे बाजारों की ज़द में हैं
सब अपने अपने क़द में हैं
मगरूर रईसी ठाठ बाट
बन गए माल्स, काम्प्लेक्स, हाट, ह्वाइट हाउस।

विज्ञापन है

धाँसू जमाने का
घर बैठे चारों पदारथ मिल जाएँगे—
दूर नहीं जाने का

अब न किसी गुलाब की ख़ातिर फारस जाना
न घोड़ों के लिए काबुल
न नीग्रो के लिए अफ्रीका
न पूँजीवाद के लिए अमरीका
न बुद्धि के लिए कैम्ब्रिज
न रक्तपात देखने के लिए कुरुक्षेत्र
न नंगेपन के लिए किसी आदिवासी समाज में
अब तरह तरह के हाईब्रिड
हर देश में हैं
खास जगहों की खास चीज़ें
पेशोपेश में हैं
ग़ायब हो रही दिन-ब-दिन
जगहों की खुसूसियत
खाल उतारे जाते बकरे जैसी
लटकी है मासूमियत
चारों ओर से हैरान और हलकान
कुकुरमुत्ते ने
बदल दिया है अपना बयान—

अबे तर्बे की भाषा कब के भूल चुके
परुष बचन को महज फिज़ूल क़ुबूल चुके
नहीं हिकारत रही किसी के लिए रंच भर
कायनात में सबका सिर्फ़ वजूद इंच भर
हम बन सकते नहीं अमीबे की भी खूँटी
हमें तोड़ सकती धक्के से मरियल चूँटी
थोथी उपमाओं में जीने की लत छूटी
अपने ही भीतर से आत्मचेतना फूटी
महाकवि को जाता यह श्रेय

दिलाया जिसने हमको देय

पहली बार हम शब्दों की दुनिया में आए
और चौतरफा देखकर
फूले नहीं समाए
वरना घुरहू ही रह जाते
हम कुत्तों के जाए!
हममें जिन्दगी थी या नहीं
इसे तो जगदीशचन्द्र बसु ही जानें
लेकिन इतना तो हम भी जानते हैं
कि होते हुए भी
हम थे वंचित, अनपहचाने।
तकलीफ इतनी है
कि भाषा
सियासत में नहीं ढल पाती
और खुशी इतनी
कि खुरदुरी साँस भी
चिकने फर्शों पर
फिसल फिसल जाती

नहीं रहे हम आदि में
नहीं रहे हम अन्त में
छप्पन बार
बनाकर डमरू
शम्भु बजाते
तो संगठित सूत्र को कौन कहे
बचते नहीं हलन्त में।
रटे गए
निघंटु, निरुक्त या अमरकोष में—
अल्पप्राण, महाप्राण, सघोष, अघोष में—
नव ज़ागरण या सत्तावन की क्रान्ति में—
कबूतर उड़ाने वाली हिंसक विश्व़शान्ति में—

छन्द में छछन्द में–
शहरी जिगेलों के गठे बाजूबन्द में–
प्रेम की गुदगुदी या दर्द के चीत्कार में–
समूचे भारतीय आर्यभाषा परिवार में–
न हमारा कहीं उल्लेख था
न कोई नामलेवा
न कोई प्रत्यय, न कोई व्युत्पत्ति
हमें जिस धातु से बना बताया गया
वह कुत्ते का पेशाब था
कैसा बेहूदा ख्वाब था!

घर घर के घूरे सारे
धीरे-धीरे पट गए
अपवित्र जगहों से भी
मान्यवर, हम हट गए
दोस्त गुलाब!
दुनिया की हवा तेजी से बदल रही है
बहुत-सी प्रजातियाँ लुप्त हो रही हैं
जिनमें से आज एक हम हैं
कल हो सकते हैं फलाने
और परसों ढेकाने।
आगा पीछा करके विचार
तब कुछ सफेद, कुछ दागदार
अपने से भी चीमर, गरार
ज्यादा व्यंजक, जायक़ेदार
मशरूमों को सौंपा हमने
करके यकीन उत्तराधिकार!

जो चूती हुई छप्परों के
सड़े हुए भूसे में से
सहमे सहमे ताक रहे थे
वक्त के आइने में

खुद को आँक रहे थे
वे शिलाजीत के निकले बाप
हुए कीमती आपै आप।

अपने स्वादों की कीमत पहचाने जब से
ऊँचे से ऊँचे पहुँचे ऊँचों में तब से
बिकने के व्यवसाय सीखकर हम भी आए
अपनी कीमत पाकर बड़ी छलाँग लगाए
नहीं रहे अब बच्चों के खिलवाड़ी छाते
लार टपकते देख हमें अब ऊँचे खाते

रंगो-आब और खुशबू से मीलों आगे
निकले, जाकर फिर दिन के सपनों में जागे
सीधे स्वादेन्द्रिय से जुड़कर किए मिताई
धीरे-धीरे मुँह में अपनी जगह बनाई
अब हर भाषा
हमीं से मुखारी करना चाहती है
और हर दबी जुबान
किंचित् हमारा ही गुणगान

डायनिंग टेबल पर भी
हम चर्चा के विषय हैं
नहीं अछूते विषय रहे
छूते हैं सबको, सब कुछ
भित्तर तक जाते हैं
सीधे जूते पहने
अपने भी अब क्या कहने!

और शहरी शाकाहारियों की
तथाकथित नैतिकता
एंड इज्जत गलीज़
बचाते हैं

पाखंड के कोफ़्ते बनकर
लगभग उस जैसे ही लज़ीज़।
हर-दिल-अज़ीज़।

तुम्हारी बातें तो
नाक तक या आँख तक
या ज्यादा से ज्यादा त्वचा तक जाती हैं जबकि
हमारी मुँह से पेट में
और पेट से होते हुए
सीधे कलेजे में हलती है
दरअसल,
शब्दों की पूँजी इतनी निर्ब्याज होती है
कि भाषा की दूकान
बहुत मशक्कत से चलती है

मित्र गुलाब!
तुम्हारी तरह ही
अब हमारी भी खेती होती है
माली नहीं एक-दो
सम्प्रति, साहब सूबे, कृषि वैज्ञानिक,
अमला का अमला
हरदम थर्मामीटर लिए जुटे
खिदमत में, समझ बूझकर खूब तितिक्षा
ऊष्मा और शीतलन के नित ग्राफ बनाते
आते-जाते
देखभाल करने वाले
पूरा का पूरा महकमा
आगे-पीछे घूमता है
कहीं कोई अँखुआ मुरझाता है
तो विश्व-स्वास्थ्य-संगठन
दौड़ा दौड़ा आता है

बड़मनसाहत के
सब कारक बदल चुके हैं
जो जितना बिक सकता है
उतना ही मौलिक है
और उतना ही महान
सीधा अभिप्राय है
सब कुछ व्यवसाय है
शौक व्यवसाय है
शान्ति व्यवसाय है
क्रान्ति व्यवसाय है
कविता व्यवसाय है
राजनीति व्यवसाय है
संवेदनात्मक
ज्ञान हैरान हैं
पित्रोदा परेशान हैं

सन्तकुमार और उनके सब छेंडे-बेड़े
खुरपी लेकर निकल पड़े हैं
खोज रहे हैं, ऊर्ध्व भूमि पर
खोद रहे हैं मेंड़े-मेंड़े
तीस रुपया पाव,
भाव पर किलो दो किलो
बेच बिकिन कर आ जाते हैं
काम पर जाने की
जून से पहले ही
शितियाये लिथड़े गोड़ लिए
पछाड़कर पनीर को।
ओवरटाइम की कमाई से
जीवन ड्योढ़ा हो गया है
बेगानापन खो गया है

यार गुलाब!

जो भी हो
हम नहीं रहे
अब बड़बोले, फसली
या मजलूम
मरहूम
कुकुरमुत्ते के असली
हम दत्तक मशरूम
ठीक तुम्हारी तरह ही
हमारी भी मंडियाँ कुछ हैं
तुम्हारे पास नमक होगा क्या?
हमारे पास नरम हड्डियाँ कुछ हैं

ख़ून के शौकीन, घृणित
बने चंड अशोक
अपनी करनी से
अभी हाल में जाते-जाते
जो जूते बुश ने खाए
रोज बढ़ रही बोली उनकी
किस्मत चमक गई है
पर कविता की मंडी में
खासी मन्दी है
लगभग ही तालाबन्दी है
गद्गद हुआ गद्य का चोला
हिन्दी की मंशा गन्दी है
उतनी कविता नहीं चलेगी यद्यपि
जितने कि दस नम्बर जूते
फिर भी यह उट्ठेगी जरूर—
उट्ठेगी अपने बलबूते!
जैसे अपने स्वादवाद से
उट्ठा है मशरूम
पहुँच उसकी अब काफी
दूर-दूर तक ऊँचे ऊँचे।

गुब्बारे का धरम न पूछो

इस सपाट गुब्बारे में
है एक कपाट
होंठ लगाकर फूँकोगे
तो कुनमुनाएगा धीरे-धीरे

बिन्दी दार अल्पना वाली
एक मुलायम देह सिहरती पाओगे
यदि सादे हाथों से रुक-रुककर सहलाओगे

कान पकड़ ले आएगा यह
तेरी खुशियाँ बाहर
भीतर से गुब्बारे जैसा ही
हल्के हो जाओगे
गुब्बारे का
दाम न पूछो
काम न पूछो
बिगड़ जाएगा तो मिस्त्री का धाम न पूछो
निस्संझक का नाम न पूछो
जनम न पूछो
मरम न पूछो
एक अधिभौतिक लीला का
धरम न पूछो।

ताम की या झाम की

जिससे नहीं पसीना निकला
जिसमें मिट्टी नहीं लगी
चलते चलते थक जाने की
जिसमें इच्छा नहीं जगी
वह इच्छा किस काम की
इच्छा केवल नाम की

जिस छाया में सिहरन लागे
जिस छाया में दाम लगे
उस छाया में रहना वर्जित
उस छाया में आग लगे
छाया किसी गोदाम की
चंचल पूँजी घाम की

जिस छाती पर सिर रखकर
हम फफक कर फूट पड़ें
नींद जहाँ आँखों को ढक ले
सौ सौ सपने टूट पड़ें
वह छाती आराम की
पल भर के विश्राम की

अपने लोगों की पीड़ा से
जो अनजानी बनी रहे
लाभ-लोभ में हाथ जोड़कर

सौ सौ जूते नित्य सहे
पक्की कौम हराम की
लोगों के किस काम की

अपने समझे खुद ही बूझे
अपने में ही मस्त रहे
अपने भद्रलोक में छपकर
पोथीवाद समस्त रहे
वह विद्या किस काम की
विद्या चारों धाम की
ताम की या झाम की।

नहीं रहे हम शब्दों के घनमूल

बहुत हाँके
कि सिरजने के लिए अब तलक
हमने किए अनगिनत फाके

वे हजारों झूठ थे!
कुहरीले अँधेरे
जो हमें लम्बे समय तक
अपने वलय में रहे घेरे

ट्रक भर अक्षर
और बोरा भर मात्राएँ जुटाकर
कुछ गणित किए
कुछ तुक जोड़े
निकल आए
फोड़े पर फोड़े

सबसे सस्ती बातों को
चक्रवृद्धि पर चलाकर
हमने भाषा की पूँजी बनाई है
और इसकी ही बदौलत
गढ़ लिए नारे
कि यह अन्तिम लड़ाई है

यह भिड़ाई भी नहीं थी, दोस्त!

अधिक से अधिक
तख़्ते-ताऊस के बने खटमल
या जापान से भगाए मच्छर
अथवा रक्तपायी जोंक जैसी वक्रगति
या बिजली के बूते चमकने वाले लाल स्टिकर्स
कि ब्लड बैंक के लेबल
हम पर रहे चिपके
जिन्हें अपनी सूखी रिफिल से खुरच डाला
स्कूल जा रहे बच्चों ने

अपने चीकटों को ही
मान बैठे अल्पना
मनमानियों को कल्पना
और घुणाक्षर न्याय को अभिलेख
दिशाएँ केवल दो होती हैं
आमने और सामने
बाक़ी सब
बगलें झाँकने की चोर खिड़कियाँ हैं!
दरवाजों के अगल-बगल
कोढ़ की तरह नालियाँ
और नालियों में मंजनवारी,
बर्तनों की कलौंस, जूठन
रात के पेशाब
फटी चाय जैसी नालियाँ बेहाल
जिनकी चिर चिंउटिया चाल में
बह रहे, जैसे बचाने को कह रहे
अंग-भंग अक्षर और डूबती-उपराती मात्राएँ

डूबने की भाषा
सबसे कातर होती है
सबसे कम और गिलबिलाहट से भरी
लिपियाँ हैरान हैं

काश! हम घुरचती आवाज़ों को
सुग्राही ढंग से टेपकर सके होते
या कैमरे तमीज वाले होते
तो हम फिर नहीं दुहराते अपने चिरकुट उपदेश,
धराऊँ बीमारियाँ
थूक भरी जम्हाइयाँ

जिन्हें सत्यापित किया था
केंचुओं जैसे हस्ताक्षरों ने

चार-चार कुतुबमीनार की पुलुई पर
हम धरने पर बैठ गए
ऐसी अदा में
कि हमीं आकाश की तीसरी आँख हैं
अगरबत्तियों के धुएँ की तरह उठतीं
अजान की आवाज़ें
चिमनियों के धुएँ में गुम हो गईं

जब तक हमारी चीखों की पांडुलिपियाँ
निकलेंगी संग्रहालय से
तब तक हाथों में आते आते
खुदुरा-खुदुरा हो जाएँगे अक्षर

टूटे दाँतों से लार की तरह चूते रहें
छूते रहे खम्भों के पैर
जो हमें मुँह से आशीर्वाद
और मन से अभिशाप देते रहे

अभी, सब कुछ होना बाक़ी है
और हमारे पास भाषा की आखिरी साँस बची है
हम न रेडियम के बराबर ठहरे
न बल्ब के, न लालटेन के

न खद्योत के, न किसी उद्योत के
हम अपनी खोजों के बराबर भी नहीं हुए
अपनी रचनाओं से भी बहुत छोटे
नाटे और खोटे

कहाँ बन सके
भाषा के बेलपत्र
शब्दों के घन
कहाँ बन सके हम?
घनमूल भी गँवा के
अब तलक
बहुत हाँके!

गेहूँ में जो सरसों बोई

कृषिविज्ञान किनारे धर दी
देसी बुद्धि सगाई की
गेहूँ में जो सरसों बोई
दो उम्मीद कमाई की

गोजई और सतंजा की जय
जय हो दियासलाई की
रोटी और साग के मध्ये
बूँदें तेल तलाई की

गेहूँ को घुटने भर पानी
पर सरसों को पंजे भर
एक खेत में कैसे निबहे
दो दो प्यास सिंचाई की

दो दो सुख के दुहरे दुख हैं
दो तकनीक कटाई की
दो दो कूँटा दो दो खुरकुच
दोहरी हवा ओसाई की

कभी बढ़ेगी धरती जब
गेहूँ निछान बोएँगे तब
सम्प्रति पहिला गाय बराबर
सरसों, नमक, ईख, अरहर सब

इतने से रकबे में
यह रामायण लिखी खेताही की
जामें साखी, सबद, रमैनी
उपजे ज्ञान कोताही की...।

समय

सारे सुकर्म
अपने खाते में
सारे कुकर्म
दूसरों के मत्थे मढ़ने का समय

लाखों को पीछे खड़ा करके
प्रकाश वर्ष तक
आगे बढ़ने का समय

बदबू की आव-भगत
और खुशबू से
झगड़ने का समय
कत्ल के समर्थन में
नए तर्क गढ़ने का समय

पेंदी को सुज्जे से छेद कर
परई में
पानी भरने का समय
लो, आ ही गया अब
सुख की तकिया लगाकर
दुखों को उलटा पढ़ने का समय।

खतरा

इतने भर काटे गए पहाड़
और बचे रहे पत्थर भर

इतनी भर घेरी गई ज़मीन
और बची रही बीज भर

इतना छेंका गया आकाश
और बचा रहा साँस भर

इतनी बढ़ाई गईं कीमतें
और बची रहीं खरीद भर

इतनी भर मारी गई जिन्दगी
और बची रही खतरे भर

लेकिन विश्वास
इतना भर बिका
कि उसके खत्म होने तक का
खतरा उत्पन्न हो गया है।

अपुष्ट सूत्रों के अनुसार

एक रसोई घर के वास्ते
कम से कम दो सेट बर्तन बना रही हैं फैक्टरियाँ
सुनारों के वहाँ
फोन पर मोटे मोटे चुल्लों के फतवे ज्यादा आ रहे हैं
छोटी छोटी बालियाँ बनाने के अनुरोध बहुत कम

हिन्दुस्तान में
ससुर और साला बनाने का
आनन्द कुछ और ही है
ससुर और साला बनने की भद्दी गालियाँ कौन सुनना चाहता है?

केवल माँओं और पत्नियों की
गणना होगी स्त्रियों में अब
बेटियों और बहनों की सूची विचाराधीन है
कि 18 साल की उम्र
मायके की मतदाता मानी जाए
या ससुराल की?

अपुष्ट सूत्रों के अनुसार
एक विधेयक पेश होने वाला है सदन में
कि माँएँ अब केवल लड़के पैदा करें
या अधिक से अधिक बाँझ रहें
हिन्दुस्तान मर्यादाओं का देश है
सिवान तक पहुँच चुकी है सप्तक्रान्ति।

पुरोहित की गाय

लिपियों को लगभग फाड़ती
प्लुत में चिघाड़ती
जैसे यकटोक्की शास्त्रीय टेक
अललाती गाय एक!

पाशविकता की हद तक पहुँची
एक आदिम उन्माद भरी पुकार—
अवरोह तक आते आते
करुणार्द्र हो जाती बार-बार

चिड़ियों की चहक कुकुर झौं झौं, काँव काँव
बेटियों की विदाई के विलाप
माइक पर बजते अनूप जलोटा के भजन
गेहूँ की मड़ाई करते थ्रेसरों की घरघराहट
सब पर भारी पड़ने वाली
जान निकलने वाली साँसों के सहारे
समूचे स्नायु तंत्र से
अल्ला रही है एक पट्ठा गाय
पड़ोस में

दुनिया को बेपर्द करती
हर किसी का ध्यान खींच लेने वाली
सीवान के पार तक पहुँचने को बेताब
यह आवाज़ उनके कानों तक जाना चाहती है

जो लाठियाँ खाकर भी, तोड़कर सारी घेरेबन्दी
खाना पीना अधूरा छोड़कर
दौड़ता हुआ चला आए उसके पास
गले की सारी सीमाएँ लाँघती
यह आवाज़
सारी चोर आवाज़ों का जवाब बन जाना चाहती है।
कोई नकल करके चिढ़ाना चाहता है
तो आवाज़ दुगुनी हो जाती है

घूँघट और नकाब और ओढ़नियाँ तक गिर गई हैं
खिसियाकर रह गए हैं डाँट और डपट
लाठियों के पास दाँत पीसने के अलावा दूसरा चारा नहीं
कथन की सारी मर्यादाएँ भंग हो चुकी हैं
सूली पर चढ़ गई हैं सभ्यताएँ
सच्चाईयाँ सी-सी कर रही हैं
दिशाएँ एक दूसरे का मुँह ताक रही हैं
आँख नहीं मिला पा रहे बाप और बेटे
जबकि अललाहट है
कि बढ़ती ही जा रही है उसकी आवृत्ति
शराफत में आफत की तरह

आज बहुत अनमन है गाय
सब कुछ अटकुट लग रहा है उसे
गर काट रही है हवा तक
खुरों से रौंद दे रही है
बरसीम की हरी हरी घास
नथुनों से फू-फू करके उड़ा दे रही है
भूसे, पिसान और बाल विकास परियोजना के पोषाहार
मत्थे से उलट दे रही
पानी की बाल्टी
गोड़ डाल दे रही हौदी में
अभद्रता की हद है!

हमेशा मूक और डरी-डरी
दिखने वाली गाय
अपनी परिचित परिभाषाओं को चिन्दी चिन्दी करती
अपनी ही कामनाओं से तड़क गई है
गाय गोया भड़क गई है

आकाश में गुम्मी जहाज के धुएँ की
सफेद लम्बी लीक की तरह
समूचे वातावरण की पीठ पर
कई कई साट जैसी उछर गई है अललाहट
जब कामनाएँ दहकती हैं
तो आग,
आवाज़ बन जाती है

वह पुकार, आवाज़ अरे! वह अललाहट
लाग लपेट बिना भाषा का विस्फोट

हर ढक्कन, हर पर्दे हर बन्दिश पर झन्नाटेदार तमाचा
रूढ़ समाज-समिति के कानों में पिघला सीसा
अनसुना किए जाने का सबसे सख़्त ऐलान
चुप्पी का हंगामा बनकर सड़कों तक टकराना
देह गान को बिना हिचक के बीच सभा में गाना
सहसा दुनिया की सब पीतल का सोना बन जाना
गरम लहू का प्रत्यंचा पर चढ़ जाना
अथवा देह चटाने की कोई उद्‌दाम पिपासा
दो के मिलकर एकपने की आदिम चिर अभिलाषा
पल-विशेष में आधा हो जाने का अभाव
कुदरत की सुन्दर चाहत का जैविक स्वभाव!
स्वाभाविकताएँ?
पावों में बिवाई की तरह टीसती हैं
कमर भर पानी में बूँद भर दाल की तरह चुरती हैं
खली की तरह झकाती हैं,
आँखों के आगे महुए की मीठी चिनगारियों जैसी झरती हैं

बनने तक मिटती रहती हैं
और गला फाड़कर कराहती हैं

बेहाल है गाय
सारे सदाबहार का बैनामा उसे नामंजूर है
फिक्र नहीं पगहे से गला कस जाने की
चिन्ता नहीं ठेकुर से घुटने टूट फूट जाने की
वह खोज रही वह सुख
जो जनता केवल दुख
फिर भी उसी सुख के लिए
कम-से-कम
चौबीस घंटे का नशा तारी है
अललाहट जारी है।

2

शुरू-शुरू में
जब वह आई थी पड़ोस में
तो सचमुच एक दानी बछिया थी
जिसके बारे में कहा जाता है
कि उसके दाँत नहीं गिने जाते
तो उस उदन्ता
आयाता वत्सा के माथे पर
सिन्दूरी रोली थी
केवल पूँछ की भगई लपेटे
जैसे कोई बाल ब्याहता
ठिठकी, खड़ी अबोली थी
गले में जिसके
जनम जनम के लिए पगहा पड़ गया था
यद्यपि कि आधा सड़ गया था
वैसे न तो कोई कपड़ा पहन कर पैदा होता है
न पगहा

सब कुछ इहीं मिलता है
और सब कुछ इहीं छूटता है
चाहे सम्बन्ध हो या बन्धन!
लेकिन जब यदा-कदा
तुड़ा या छुड़ा लेती
या कोई उलाहना लेकर आती पड़ोस के पड़ोस से वह
तो उसे भी
वे ही गालियाँ नसीब होतीं
जो किसी सयानी गाय को मिलती थीं
खुशी या गुस्से में
उठे हुए झापड़ या धमकी या डंडे के डर से
आँखें मूँद कर सिकुड़ जाती
खिंची जाती पीछे की ओर
खूँटे से छूटने के उद्यम में
गले में और कसा जाता पगहा

बछिया जो टीक कर दान में आई थी
किसी के पुण्य और पापों की भरपाई थी
मरने के बाद भी
किसी बजबजाते मझधार में
डूबकर मर जाने के डर
और पूँछ पकड़कर पार हो जाने की आशा में
बछिया को ही मानकर गाय
किया जाता रहा गोदान
जम्बूदीप के भारत खंड में
आर्यावर्त देश के पुण्य-प्रदेश में
रोज रोज
संकल्पी जाती
दी जाती दान में
और टीकी जाती
मुक्ति के कर्मकांड से होकर मुक्त
आ जाती पुराहित की घारी में रोज रोज

माथे की जगह माथ है
खुरों की ज़गह खुर
थन की जगह कुछ किलनियाँ

लेकिन सींगों की जगह
सिर्फ़ सींगों की जगह हैं
दाग दी गई हैं सींगें बचपन में ही
चिल्लाती है बछिया भी जब तब
भूख और प्यास से
पुकारती है अपनी बिछुड़ी माँ को
डकारती है
बन्धु-बान्धवों के छूटे हुए ढोर देख
एक ही भाषा है उसकी किताब में
वही सबसे सटीक स्वरलिपि तब
जब ठीक ठीक नहीं कहा जा सकता
कि देवनागरी लिपि में
कितनी हिन्दी साबुत बची है अब
जबकि
गर्व से कही जा रही हैं
बहुत सी बातें ताल ठोंक कर
ज्यों ज्यों डूबती जाती है
किसी भाषा की आत्मा
उपराता जाता है फूल कर
धर्म का शव
और मडराने लगते हैं लुप्त गिद्ध
बीरान कब्रगाहों में या
समाज के गंगा तट पर
लेकिन जिसकी जननी कोई गाय हो
वह भाषा डूबकर कभी नहीं मर सकती
जन्मते ही तैरने लगती हैं उसकी सन्ततियाँ
उसके रज तक पार करा देते हैं लोगों को
बड़े से बड़ा भवसागर

हिन्दुस्तान में

हिन्दुस्तान एक भवसागर है
तो गाय पतवार
हिन्दुस्तान एक संविधान है
तो गाय शपथ
हिन्दुस्तान धर्मनिरपेक्ष है
तो गाय एक दंगा
हिन्दुस्तान सूखा है
तो गाय गोमुखी गंगा!

देश की गृहनीति, धर्मनीति, आश्रम नीति
अर्थनीति, राजनीति, बाल-गोपाल नीति
विदुर-चाणक्य नीति
यहाँ तक कि स्वास्थ्य नीति—
इर्द-गिर्द गायों के!
आधे से अधिक रोग
आधी प्रेतबाधा है
आधे में दवा दारू
झाड़-फूँक आधा है!

औचक ही छटपटाने लगती कोई गाय
फेंचकुर गिराने लगती
चियर जाता जबड़ा
अकस्मात फूलकर पेट हो जाता कोठार
आधे से ज्यादा उठती नहीं गर्दन
गों-गों करके रह जाता गला
दीदा से दीदा मिला पाते नहीं नाहर भी
मैदान छोड़ देते थे क्रूरतम कसाई

और तब?
और तब?
कुछ नहीं सूझता

मनियरा मरे साँप जैसा झूल जाता पगहा
काट दी जाती नथ जैसी नाथ
नोच दी जाती मंगल सूत्र-सी गराँव
झटक दी जाती घूँघट-सी मोहरी
गोदे-सी बिखर जातीं गले की कौड़ियाँ
सहेजकर रख दिए जाते
सोलहो शृंगार भविष्य के लिए

फिर से शुरू होता नया अध्याय
खरीद कर आती नई नई गाएँ
या चली आतीं दहेज के नेग में
अथवा आ जातीं गोदान के बहाने

दूध की नदियाँ बहतीं
नधे रहते बैल
छप्पर मुसकाती तो हँसते खपरैल
खाद हुई खेती हुई
वैतरणी की डोंगी,
आँवाँ भर ईंधन पजावा भर बर्तन
नदियों के कछार में पागुर के बताशे
बछड़े और बछियों के खिलंदड तमाशे
हरे भरे जीवन में आय ही आय हुई
गाय ही गाय
इह लोक से गोलोक तक!

3

ऐसी हो गाय
वैसी हो गाय
उस जैसी हो गाय
होती पंचायत
कि कैसी हो गाय?

डील डौल सुन्दर हो
सही जगह कान पूँछ
बँधी हो तो हिले नहीं
आँखें करुणाभ हों
त्वचा भी स्पर्शशील
आँख के इशारों से बात समझ जाए
गाय हो कि जवार में बेजोड़
कि दिखे बछेटा जैसी
अथवा गुरुनितम्बा
कि पिछली खुरें जहाँ भी पड़ें
धरती पर बन जाएँ दूध के बर्तन
और गाय की परछाईं में हो बछड़े के लक्षण
थोड़ी बहुत कमी हो पर साक्षात् गृहलक्ष्मी हो

सीधी हो, साधू हो खूब
रतिस्विनी खूब
पीनस्तनी खूब
पयस्विनी खूब
पूतस्विनी खूब
प्रजननस्विनी खूब!
अन्यथा ठहरी
तो ऊब ही ऊब!

जुग भर की ऊब लिए
ठेका लिए, सत्तू पिसान लिए
अनुभव के अपने अपने सामान लिए
खाँची भर देह-ज्ञान खुरपा भर तर्क
लैक्टोमीटर भर खोजी आँखों से
अपने मन मुताबिक नस्लों की गाएँ
खोजते और चीन्हते थे मर्द

घर पर आ जाने पर
महिलाएँ चूड़ियाँ खनकातीं

ड्योढ़ी से बहिरातीं
चोंच भर घूँघट के नीचे से
डेढ़ आँखों से खूँटे की ओर ताकतीं
लगभग भेंट अकवार की उतावली में
धीरे-धीरे पीठ और गर्दन सहलातीं
श्वास-प्रश्वास से, लम्बे उच्छ्वास से
गहरे विश्वास से
शनैःशनैः टिक जाता कन्धे से कन्धा
उधर गले की घंटी बजती इधर पाँव के नूपुर!

अनुभव के आगार
दुधारू पशुओं के नस-नस के जानकार
कुढ़ते थे, बहुत-बहुत चिढ़ते थे मर्द
जब–
देसी की देह विन्यास वाली कोई
गर्दन उठाकर डेढ़ मील ताकती अचानक
हरियाणा के कलेवर में प्रकट होने लगती
या कोई साहीवाल
जिसकी कि अनक में भी होती कोई झनक
सहलाने के बहाने हाथ धरते ही
सिकुड़ जाती डर के मारे
जैसे वे प्रेमी न होकर, हों हत्यारे
अथवा कोई फिजियन पेन्हाने के बावजूद
सन्न से खींच लेती दूध
कि छीमियाँ नोचने पर भी
नहीं भींगती बर्तनों की पेंदी
इसके उलट कोई जर्सी
बिना किसी भाड़े के ही
कामधेनु की अवतार बन
बरसने लगती धारासार

सारे पूर्वानुमानों की ऐसी तैसी करती

अचानक ही जर्सी बन जाती देसी
अनर्थ हो जाता तब
ठोंकने बजाने का अनुभव व्यर्थ हो जाता
प्रजातियों की सारी विशेषज्ञताएँ
चाटने लगतीं धूल
शूल बनकर चुभने लगती अपनी ही ज्ञानात्मक भूल!

4

गोदान में मिली
पुरोहित की बछिया वह
बछिया नहीं रह गई है
पटसन की अधटूटी लड़ी वाले पगहे की जगह
प्लास्टिक का ऐंठा हुआ जिन्दा रंगीन शेषनाग है
जैसे महावृष्टि से क्यारी फूट पड़ती है
वैसे ही बिगड़ जाती है बछिया
महीने पखवारे में
बढ़ता ही जाता है पगहे का तनाव
पेरती रहती है निरन्तर
खूँटे से दूरी बढ़ाने के लिए
गर्दन पर बढ़ते कसाव से बेफिक्र
बढ़ाती ही जाती है मुक्ति का वृत्त
कभी-कभी दाँतों से छोर लेती पगहा
तो खूँटे में पोत दिया जाता गोबर
पेड़ौंध कर किसी दिन
चमचमाते सुज्जे से
नाथ दी गई कुलच्छिनी गाय
यह क्या
कि गाय का गायपन ही गायब हो जाए?

पेरती रोज रोज
सफल हो पाती किन्तु

महीने पखवारे में
पगहा सरका लेती
छूटती कमान सी
गाँव को गोंठती, टापती, सीवान में
गुप्प से हलती तो लुप्प से निकलती
खिसिया कर रह जाती धरी धरी
हाथों की हरी-हरी चरी
हाथ नहीं आती तो मच जाती हाय हाय
चुनौती बन जाती थी
समूचे गाँव के लिए अकेली गाय

गाँव के अतिपिछड़ों, पिछड़ों के अगड़ों के
केसरी, अर्जुन, चन्दगी, जाँबाज, ताकतवर रेखीले नवजवान
ऊँच नीच के, स्वधर्म-परधर्म, जाति-वर्ग के
भेदभाव भूलकर
गाय को पकड़ने पीछे पड़ जाते थे
दूध के फ़ेन की मूँछें बनाए
बच्चे भी बूढ़े मर्द बन जाते थे

दौड़-दौड़कर उछल-कूदकर
ऊँच खाल नाघ कर
घड़ी दो घड़ी में हो जाती पस्त जब
घिर जाती डंडों से, बड़े-बड़े फन्दों से
तब विजयी मुद्रा में
नवजवान लाते थे पकड़कर
गुड़ के साथ कुछ तमगे भी पाते थे
छातियाँ फुलाते थे
खड़ी हो जाती समर्पण की मुद्रा में गाय
कितना अफनाती
किस माँ-बाप या भाई की शरण में जाती
जो छिटके थे देश और जहान में
जिनकी निगाह में

न अब वह किसी की बेटी थी
न किसी की बहन
गाय ने हताश होकर देखा और पाया
कि जिन साँडों ने
अन्तिम संस्कार तक
अपना प्रेम अपने ही शवों के नीचे छिपाया
वे ही सबसे दोगले और दगाबाज थे

5

भरी पूरी बछिया ने
तोड़ दिए हैं दो दाँत
रूप बदलते बदलते
बदल गई है उसकी आवाज़
गीता और गंगा के साथ गिनी जाने वाली
वह गाय
आज पवित्रताओं की तिकड़ी से छिटककर
कभी नीचे पहुँचकर 'चूँकि' का प्रश्नचिन्ह
तो कभी ऊपर पहुँचकर 'इसलिए' का प्रतीक बनाती
कारण कार्य सम्बन्ध में आ रही है
कारकों के चरम सम्बोधन तक पहुँचकर
गला फाड़-फाड़कर अलला रही है

चुप्पा भी होती हैं कुछ गाएँ, निःशब्द
जिनके मन की मचलन, पीड़ा या हुड़कन
समझ नहीं पाते जिनका आसव-अरिष्ट
वि.वि. विभागों के साइकोलॉजिस्ट, सेक्सोलॉजिस्ट वरिष्ठ
जिनके अन्तर्मन के वीणा के तार
बजा नहीं पाते बड़े-बड़े घरानों के संगीताचार्य
शारदा रो रो पड़तीं
झुका लेते सिर शेष

लेकिन यह गाय
दबा नहीं पाती अपनी आवाज़
आवाज़ की ओर भागती
पगहे और डंडे की निगरानी में
चली जा रही वह स्वयंवरा
इधर-उधर देखती हुई–
देह बनाए, बोह लिए, पाटी पारे
चन्दन चर्चित मड़िया मारे
बदनज़र ताकते भैंसों को–
जोड़े नितम्ब, बैठे सशंक
मेहरे चेहरे, चिक्कन रोएँ, सिरफिरे नील गायों को–
सगे बेंदुला के वंशज हिनहिना रहे अश्वों को–
धृष्टों, धीरोद्धतों, अन्य पशवों को–
सबको किनराती
जाती अपनी राह
खोजती हुई अपनी प्रजाति का नरपुंगव!
चाहे थोड़ा मुँहदूबर हो
या ककुद्मान
किंचित् लम्बा, थोड़ा थुलथुल, निभृत विषाण
जो लाठियाँ खाकर भी, तोड़कर सारी घेरे बन्दी
खाना-पीना चरना अधूरा छोड़कर
दौड़ता हुआ चला आए उसके पास
दो एक पहर तक
रोम-रोम के साथ रहे
क्योंकि एक सत्र में
एक बार ही तो जागती है
वह आदिम प्यास

स्पर्श गुणे स्पर्श
एक द्वन्द्व समास
जिसमें निहित है और...

पर नहीं मिला चपरहा कहीं
कोई मन माफिक उस दिन
बाप और बेटे ने
पहुँचा दिया उसे
पशु अस्पताल के गर्भाधान कठघरे में
कुछ सूई जैसी चुभी देह में
शान्त हो गई फिर अनजानी
गाय न जानी
कोई मन सुख-तनसुख
हुई बेगानी

6

उचट जाती हर बार
वह अनादि उथली
या वह अनादि गहरी
कई-कई बार में
सूई में फार में
नर से अभिसार में
गाय नहीं ठहरी

ठहरने या दूध देने में जैसे
रत्ती भर उसका विश्वास नहीं रह गया था अब
नियति ही किसी की जब
बन जाती है उसके लिए अभिशाप
तो नियति के वरदान पर भी
झुँझलाता वह
भरसक अवज्ञा करना चाहता है

ऊबे पुरोहित
सोच में डूबे डूबे सोचते–
कि खरीद लेता कोई औन पौन दाम पर ही

तो छूटता पिंड इस गाय से
लेकिन इस बदनाम गाय को
आफ़त की परकाला को
कोई सेंत मेत भी हाँक कर ले जाने को तैयार नहीं

कनपटी पर पड़े
डंडों की याद करके
सोचती शायद गाय भी सूनी आँखों से
कि छुट जाता यह खूँटा
तो भले नई नदी का जहरीला पानी पीकर
सुलंठ जाती
जैसे कि कचरे की पालीथीन चबाकर
बहुत सी गाएँ चली गईं गो लोक
या एक बार दान में ही दे दी जाती फिर
अथवा किसी कसाई के हाथों ही बिक जाती

बिक जाता है बहुत सस्ते में पसीना
खून बिक जाता है उससे कुछ महँगे में
पानी बिक जाता है दूध के मोल
सरसों का तेल, डीजल और पेट्रोल
उससे भी महँगे बिक जाते हैं

दुनिया का हर द्रव बिक जाता है
लेकिन आँख
आँसुओं की ऐसी दूकान है
जो सूनी रहती है अक्सर

आज फिर बढ़ रहा है पगहे का वृत्त
और बढ़ रहा है गर्दन पर कसाव
इक्कीस दिन बाद
फिर कुदरत की पारी है
अललाहट जारी है...।

यह समूची पृथ्वी

यदि यह पृथ्वी की पीठ है
तो यह पृथ्वी मुँह औंधी गिरी पड़ी है

यदि यह पृथ्वी का पेट है
तो हम सबका लात कहाँ है

पृथ्वी के ऊपर असंख्य घर बने हैं
लेकिन पृथ्वी का अपना कोई घर नहीं है

इस पृथ्वी पर असंख्य वक्ता हैं
लेकिन पृथ्वी की अपनी कोई जबान नहीं है

सबकी अपनी अपनी है यह पृथ्वी
लेकिन पृथ्वी की अपनी कोई पृथ्वी नहीं है

वे कहते हैं
कि यह पृथ्वी
पानी पर टिकी है

मैं खोज रहा हूँ
पृथ्वी के पीछे के उस पानी को
जिससे जीवित रहता है पानी
और जिस पर टिकी है
यह समूची पृथ्वी।

अब क्या होगा

इसी गाँव पर हमें नाज वनराज सरीखा
इसी गाँव में हम पर थू-थू करने वाले
उस टोले में धारासार बरसती लक्ष्मी
इस टोले में पड़े हुए रोटी के लाले

इसी हवा में अपनी भी दो-चार साँस है
इसी तवे पर अपनी भी दो एक चपाती
इस झलकी में अपने नाखूनों का सत है
इन सफेदपोशों में कुछ शातिर अपघाती

इसी समय में समय एक भारी विमर्श है
इसी देश में देश एक लम्बा आलाप
इन क्षोभों में अपने भी एतराज दर्ज हैं
इसी कीर्ति गाथा में कुछ अपने अपलाप

सत्याग्रह में इसी चन्द पाल्थियाँ हमारी
असहयोग में अपने भी कुछ मूक नयन
वैचारिक हिंसा पर उतरे कोविद जन
छिः अब क्या होगा हे गांधी मन!

भारत संचार निगम लिमिटेड

ठाने है
भारत संचार निगम
कि अपनी चुप्पी को
दर्ज करा ले जाएगा गिनीज में
देर-सबेर

भारत का
बातूनी नागरिक भी
उतारू है
एक एक साँस में
कैसेट भर बात करने को

दोनों की परेशानी
द्वित्व होकर
बनती है परेशानी वर्ग
एक नए तरह का
वर्ग संघर्ष शुरू हो गया है
भारत में
चुप्पी और बातचीत के बीच

सत्तरह बार लगाओ
तो डेढ़ बार बजकर
पिंपियाने लगती है घंटी
लग जाए दुर्भाग्य से

तो आधी बात कहो
आधी बात सुनो
आधी समझो खुद
जैसे कोई बात नहीं
प्यार कर रहे हों!

बहुत बड़े बुझक्कड़ हो
तो सुनी हुई
सहायक क्रियाओं की सहायता से ही
दुनिया की सबसे कठिन पहेली की तरह
बनाओ कोई महावाक्य
वैसे महावाक्य भी
एक तरह का ब्रह्मवाक्य ही है

उसी काल का
जिस काल से होड़ लेने के लिए ठाने थे कवि शमशेर
और हमारे समय के लोग
जिसे पीट रहे हैं नगाड़े की तरह
या भारत संचार निगम
सुना रहा है यहाँ-वहाँ के कुछ शब्दों में
रिक्त स्थान भरो
अपने सामान्य ज्ञान से

झंझट इतनी
कि अपना दुखड़ा सुनाओ
तो भी लोग प्यार करने लगते हैं फोन पर
लोग परेशान
कि इतनी देर में तो
पैदल चलकर पहुँच जाते
और बात भी हो जाती आमने-सामने
खीझे हैं लोग
कि पटक दो फोन

या ले लो तलाक
भारत संचार निगम से
या कर लो कोई दूसरा घर
जहाँ केवल तीन रुपए पचास पैसे में
मिल जाए पूरा अमरीका
एक मिनट तक

एक मिनट तक
अमरीका का ऐश्वर्य ले लो अमरीका के विचार
अमरीका की आजादी अमरीका के व्यभिचार
अमरीका की ताकत अमरीका की हुंकार
अमरीका का अध्यात्म अमरीका का विस्तार
अमरीका का दूरबीन अमरीकी यकीन
बाईं ओर रसिया हो और उसके बाएँ चीन
केवल तीन रुपए पचास पैसे में आमीन! आमीन!!

परेशान उपभोक्ताओं की
परेशानी से परेशान हो गया है
भारत संचार निगम
अपने से जोड़े रहने के लिए
बनाने में मशगूल है नई-नई योजनाएँ
कि कैसे कम-से-कम पैसों में
अधिक से अधिक बात कर सकें
देश के सम्मानित ग्राहक
कि कैसे घटे दर और कैसे बढ़े समय

कहने की आवश्यकता नहीं
कि अधिक से अधिक
बातें करना ही
भारत का भरत वाक्य ठेरा जो!

भारत संचार निगम

जब नाखुश होता है
तो गाली देता है जनता को
और भारत की जनता जब खुश होती है
तब गरियाती है खुद को
आखिर खुश ही कर लिया
भारत की जनता को
भारत संचार निगम ने
और जनता गाली देने लगी खुद को
इस अफसोस से
कि वह अभी तक क्यों गाली दे रही थी निगम को?
अपार खुशी में
अबे-तबे और माँ-बहनों तक
उतर आई जनता
सड़कों पर चक्का जाम करने लगी
भारत संचार निगम की
इस घोषणा से
कि दस पैसे में बात कीजिए
पूरे एक मिनट तक ठाट से
किन्हीं दो लोगों के साथ

जिस दिन यह घोषणा हुई
नई से नई सब्जी खरीदी गई उस दिन
मछलियाँ सड़ गईं दुकानों पर
मुर्गे बचे नहीं बाजार में
आलू सत्ताइस रुपए किलो बिका
तीन रुपए की काल दर पर
घंटों बात की लोगों ने
कि अब दस पैसे में एक मिनट तक बात होगी
अपने चुक्कू मुक्कू प्यारे देश में

उस शुभ दिन को
भारत के इंग्लैंड प्रेमियों ने 25 दिसम्बर माना

कांग्रेसियों को लगा कि 2 अक्टूबर है
संघियों ने गोडसे दिवस समझा
तो वामपन्थी दोस्तों ने 1 मई
15 अगस्त और 26 जनवरी झगड़ने लगे प्यार से
कि उस दिन के लिए
पहले कौन इस्तीफा देगा सदन से?
इतनी हाथी खुशी हुई
कि ऊँटों की तरह चलने लगे लोग
मतपत्र, मुहर, पेटियाँ और वोटिंग मशीन
फेंक आए तालाबों में
जो जहाँ था वहीं धरने पर बैठ गया
कि चाँद सूरज के रहने तक
बरकरार रहेगा यही भारत संचार निगम

हिसाब किताब करने में भी
तेज होते हैं भारतवासी बहुत
और हिन्दी वाले तो अक्सर
दूसरों की चाय के आदी होते हैं
और लेखा बही के तो क्या कहने
आखिर चित्रगुप्त ने
दूसरे मुल्कों की मुनीबी क्यों इनकार कर दी?

तो दस पैसे में एक मिनट अर्थात साठ सेकंड
यानी कि एक रुपए में दस मिनट यानी कि छह सौ सेकंड
यानी कि एक घंटे के सिर्फ़ छह रुपए
और इतनी नन्हीं पूँजी है दस पैसा कि अब उसके सिक्के को
आप देख ही नहीं सकते खुली आँखों से
ऐसे ही दस पैसों के दस अदृश्य सिक्कों से
बनता है एक रुपया
जिसे भिखारी भी हिकारत से देखता है अब
जबकि भारत संचार निगम
आपसे सिर्फ़ दस पैसे माँग रहा है

बदले में एक मिनट तक बात
इतने में आप चाहें तो
किसी लड़की की इज्जत लूट लें फोन पर
किसी से फिरौती माँग लें
या आदेश कर दें लाठी चार्ज का
अथवा बता दें आर.डी.एक्स. रखने की जगह
या कब मिलेंगे किस मोड़ पर

लेकिन थोड़ा लगाकर ज्यादा पा लेने की भी
एक समस्या है भारतवासियों में
अगर आप बात करने के लिए
एक रुपए दैनिक खर्च करने की
माली हालत में हैं
तो विकसित देश की ओर
पलायन वेग से बढ़ते आपके पास
पेशाब करने को फुर्सत नहीं
कितना समय लग जाता है दूसरों का बिस्तर झाँकने में
कितना समय लग जाता है औरतों को जलाने में
कितना खर्च हो जाता है आलोचकों का मुँह बन्द करने में
कितना चला जाता है फ़ोटो खिंचवाने में
कितना पटाने, कितनी योजना बनाने
कितना नाराज होने कितना मनाने में
जिसे आज पेशाब करने की फुर्सत नहीं
वही पहले समय पर पेशाब कर सकता था
रावण जितनी देर तक लब-ए-रोड पर
सो सकता था कुम्भकरण जितनी देर तक अन्तःपुर में
लेकिन समय जाते देर नहीं लगती
एक रुपए तो हाथ के मैल की तरह
भारत संचार निगम के
कटोरे में डाल देंगे आराम से लोग
लेकिन कैसे बचाएँगे दस मिनट का समय
किसकी जेब काटकर लाएँगे भला?

तो समय काटने और कटाने की
कोई मशीन होनी चाहिए हमारे पास
और उसी खुशी के क्षणों में से
यानी कि 25 दिसम्बर में से थोड़ा सा समय काटकर
थोड़ा 15 अगस्त और 26 जनवरी में से
थोड़ा समय मुर्गे की बाँग से काटकर
थोड़ा रविवार थोड़ा टाइम बम में से
कट कट कर जमा होता रहे हमारी भविष्यनिधि में
और महीने की आखिर में
हम निकाल सकें कर्ज बात करने के लिए
अपनी जमा पूँजी में से
फिर छोटी-छोटी किस्तों में कटाकर
भर दें अपने खाते बिना किसी टेंशन के
तो संचार भी हो गया
पैसा भी हो गया
हिसाब-किताब भी हो गया
समय भी हो गया
लेकिन फिर परेशान हो गए लोग

यह एक नए प्रकार की परेशानी थी
और परेशानी थी दो लोगों के नम्बर चुनने की
एक मोबाइल और एक पी.एंड टी. का नम्बर चुनने की
और चुनाव में ही
सबसे ज्यादा असमंजस में रहते हैं भारतवासी
तो एक विचार इस तरह से आया
कि बेस वाला नम्बर घर का दे दिया जाए
पता नहीं कब कहाँ हो आदमी
तो खोज खबर लेता रहेगा बाहर से
लेकिन समस्या यह उठी
कि पता नहीं कैसा हो पति-पत्नी के बीच
सम्बन्ध पता नहीं कैसा हो बेटी-बेटे के साथ
अथवा माँ-बाप के साथ जाने कैसा सम्बन्ध हो

दूसरा मोबाइल नम्बर किसी साझीदार का दे दिया जाए
तो कितनी देर तक हो सकती है कामचलाऊ बातचीत
तीन मिनट में ही तो काम की बातें खर्च हो जाती हैं
बहुत खींचो तो चार मिनट चलेंगीं
हद से हद पाँच मिनट तक
उसके बाद दोनों ओर से
"और सब ठीक है न?
हाँ-हाँ ठीक है
ठीक है, ठीक है अच्छा, ठीक है"

ठीक उसी समय
सियासत ने सोचा
कि एक नम्बर मजहब का दे दें दूसरा एक माफिया का
लेखक ने सोचा
कि एक नम्बर सम्पादक का दे दें दूसरा एक आलोचक का
भ्रष्टाचार ने सोचा
एक नम्बर पुलिस का दे दें दूसरा एक राजनीतिक का
बकरी ने सोचा
कि एक नम्बर किसी हिरन का दे देगी
लेकिन डायल करती तो अचानक बाघ का नम्बर लग जाता
प्रेम के बाजार में
सबसे ज्यादा परेशान हुए प्रेम के सौदागर
कि इतनी सस्ती दरों पर
किस किस से उठाया जाए प्रेम का लाभ
प्रेम के रूप हजार हैं
तो एक एक प्रेमी में प्रेम के लाखों दिल

ठठाकर हँस रहा है भारत संचार निगम
और बात-बात पर बारूद हो जाने वाले
भारत के लोग हैरान, परेशान और चुप
पहरेदार नींद में हैं
जिनसे उम्मीद थी

वे भी उम्मीद में हैं
जिन्हें विषय-प्रवर्तन करना था
मंच पर वे लगातार
विषय-परिवर्तन कर रहे हैं
और नीचे लोग खर्राटे मार रहे हैं

सोच रहे हैं लोग
यहाँ तक कि फीस चुकाकर परामर्श ले रहे हैं
कि ऐसे कौन-कौन से दो लोग हों अपने
जिनके लिए इतनी मेहनत से बचाय जाए समय
इतने कम पैसों में बात कर सकें
घंटे आध घंटे
उन मुहावरों में
जो पाँचवें कान तक पहुँचें तो समझें
कि न बात के सिर का पता न पूँछ का
पागल होंगे साले
गाँजा पीकर बतिया रहे होंगे
गुप्तचरों के लिए भी सिरदर्द
और दुभाषिए की ऐसी तैसी
ऊहापोह में हैं लोग
ऐसे दो लोगों का चयन करने में
जिनके साथ उनके
नेपथ्य में जाकर बातचीत कर सकें
कुछ देर तक
जीवन की उस आदिमता में
जहाँ इतनी बातें होने पर भी खत्म न हों
अगले दिन के लिए भी

रह जाएँ कुछ बातें
एक नई टेक के साथ

एक ही ताले की दो चाबी नहीं हैं दो नम्बर

कि कौन कब आए और कौन कब चला जाए
अब साथ रहना उतना जरूरी नहीं
जितना कि साथ दिखाई देना जरूरी है
पहले का अनुबन्ध ही आज की मजबूरी है

तो क्या इतने अकेले होते गए हम
कि हमारी अपनी चाल से अपनी चलन से
अपने हिसाब किताब से
अपने संचार और अपने समय से
इतने लोगों को खो दिया हमने
कि अपनी-अपनी दुनिया में
बात करने के लिए
दो लोग भी ठीक से नहीं बचे हमारे पास
कि दो लोगों का नम्बर देने में इतनी ऊहापोह में हैं हम
अपनी निजताओं के संसार में
सार्वजनीकरण तो कब का चला गया
क्या अपना निजीकरण भी नहीं कर सके हम?
भरे-भरे लोगों में खाली की नौबत
मूँज सब निकल चुकी बचे सिर्फ़ सरपत

जब इतनी भयानक ऊहापोह हो
तो भूले हुए लोगों को याद कीजिए
याद उसे ही नहीं कहते
जो अक्षरशः और क्रम से याद हो
अन्वय में भी हो सकती है याद
बिम्बों में हो सकती है
और किसी अन्य को देखकर
आ सकती है अन्य की याद

अब भी वक्त है कि
अकेलेपन के इस दौर में
ठीक ठीक दो लोगों को याद कीजिए

जिनसे बातें हो सकें घंटे-आध घंटे ऐसी
कि कल के लिए भी बची रहे कोई नई बात
और बातों का सिलसिला खत्म न हो
एक बार फिर
ऐसा अवसर लेकर आया है
भारत संचार निगम
कि चुप्पी और बातचीत के बीच
शुरू हो सके एक नया वर्ग संघर्ष

लेकिन फिर परेशान है
भारत संचार निगम
कि भारत के उपभोक्ताओं को
इतनी सस्ती चीज़ों का
उपभोग करने में भी आती है शर्म
और ऊहापोह में हैं लोग
दो लोगों का चयन करने में...।

आदमी से मारा

इतिहास गवाह है
कि आदमी को
कभी भूख ने
तो कभी प्रकृति ने मारा
बीमारी ने मारा
हथियारों ने मारा
या बुढ़ापे ने मारा

झूठ साबित हुई
इतिहास की गवाही
अनर्थ हुआ
इस बार
जब आदमी को
आदमी ने
आदमी से मारा
ढेर हो गया
प्रभु बेचारा!

हिन्दू

पीपल की
डाल काटना बहुत जरूरी था
सो उसने एक मुसलमान भाई को बुला लिया

इस तरह उसने
संकट भी टाल दिया
पाप मढ़ दिया दूसरे के मत्थे
और अपना धर्म भी बचा लिया
खलु खल हिन्दू!

ऐसा ही कुछ करते होंगे और धर्म के लोग
कटती होगी डाली कोई मरता होगा दीन...।

धातुएँ

कारोबार शब्दों का है
दारोमदार धातुओं पर

करणी के छज्जों के नीचे खड़ी-खड़ी
मुख्य क्रियाओं के नाम से बदनाम
भाषा के सम्पादन में हलकान
मूलतः वे प्रकृतियाँ हैं
जो रूपांतरित होती गई धातुओं में

क्रियाओं ही क्रियाओं से लथपथ
व्यंजनों की गन्ध में डूबीं-ऊबीं
विभक्तियों, वचनों, पुरुषों और लिंगों के झमेलों से उकताई
वे दस लकारों तक धावा मारती रहीं

कभी पिघलतीं कभी उबलतीं
कभी छनछनातीं
ज्यादातर संकरी जगहों से निकलकर
कभी-कभी खुली जगहों में फँस जातीं

ये वे धातुएँ नहीं थीं
जिनसे गहना, बिजली, मोटर, औजार
हथियार या तापमापी बनते हैं
फिर भी वे कहीं कहीं दवाओं में दिख जाती हैं

प्रकृतियाँ, धातुएँ, मुख्य क्रियाएँ
कुछ भी कहो
अन्ततः वे शब्दों की माँ हैं
और समाजशास्त्र की सबसे कमनीय रीढ़

किन्तु प्रत्ययों के बिना
प्रकृतियाँ वन्ध्या थीं
और प्रकृतियों के बिना
उपसर्ग विधुर थे।

कम्बाइन

तिहाई कौतूहल तिहाई खुशी और तिहाई दहशत से
दूर से देख रहे हैं भरपूर बच्चे उसे
जैसे गाँव में हाथी आने पर
या चुनाव में हेलीकॉप्टर उतरने पर
हम बच्चे दूर से देखते थे उसे

उसकी कटाई से
चारों ओर गर्द ही गर्द है और चेहरे सफ़ेद
उसके गुबार उड़ाने से
पानी की सतहों पर फाँफी पड़ गई है
बरौनियाँ अचानक बूढ़ी हो गई हैं
और खँखार में बढ़ गया है बलगम
सिवान के सिवान उजड़ चुके हैं

उसके सन्ताप से टिकोरे कोयलाँसी बन गए हैं
लुगाइयों का लूगा उड़ जा रहा है
उसके झंझावात से कूँचों में अटक गए हैं महुए
नींद हराम हो गई है उसकी रोशनी से
और पक्षी चौंचिया रहे हैं उसकी घरघराहट से

गेहूँ की फसल काटने के साथ-साथ
जिनके खेत नहीं हैं
उनके हाथों को काटकर लूला बना दिया है उसने
बहुत से चूल्हे बुझा चुकी है फूँक मारकर

बहुत सी घारियों और खूँटों को खाली करा चुकी है

इस साल हँसियों को जंग खा रही है
इतना टेढ़ा और मुरचाया दुख है
कि आँसू गिरने पर भी
कोई पत्थर उन्हें पहँटकर चमका नहीं सकता
इतनी विकट समस्या है
कि उसे छापने के लिए कोई अख़बार नहीं
इतनी भारी मशीन है
कि हर फँसी गाड़ी को ढकेलकर बाहर कर देने वाले भी
उसे ढकेलकर गाँव से बाहर नहीं खदेड़ सकते

अच्छी ख़ासी पूँजी से बनी
केवल तेल पीती है वह
बाक़ी कुछ नहीं खाती
इसलिए भूखों मारने का
कोई इल्जाम नहीं लगाया जा सकता उस पर
खड़ी है वह
जैसे बहुत सी हत्याएँ करने के बाद
थककर सुस्ता रही है

उस पर अभियोग चलाने के लिए
नाकाफ़ी है यह संविधान
बगलें झाँक रहे हैं न्यायविद्
अदृश्य ठहाके सुनकर
जबकि लोकभाषा अवाक्
कि तलवार पर
ख़ून की कोई भी मात्रा लगाने से
हत्या शब्द नहीं बनता

और वह है कि समूचे ख़ित्ते में
बेख़ौफ किराया वसूलती जा रही है

और धड़ल्ले से अपना काम करती हुई
आगे बढ़ती ही जा रही है

दूसरे दूर गाँवों के वे लोग
जिनके पास लहसुन गाड़ने की भी जगह नहीं
अपनी-अपनी लुंगियों का गलमोच्छा बाँधे
हथकड़ी लगे अपराधियों की तरह देख रहे हैं
उसकी दूरागत रोशनी, तेज़ी और आवाज़ को
आँखें मिचमिचाते हुए
जबकि उन्हीं गाँवों के दूसरे लोग
अपने-अपने सिवानों पर
उसकी अगवानी के लिए खड़े
अपने-अपने मोबाइलों से
इस गाँव के परिचित मोबाइलों को मिलाकर
मशीन मालिक का मोबाइल नम्बर माँगकर पूछ रहे हैं—

अब कहाँ तक पहुँची वह?

गाँव के लोग वहम में हैं
कि उसका घरघराना
किसी मंगल भवन का आना है
जबकि उसका आना ऐसे निशाने का आना है
जिसका सूँड़ पीछे है

हाथी घूमता गाँव-गाँव
जिसका हाथी उसका नावँ
वाले मुहावरे के बावजूद
पहले किसी हाथी पर
न तो हाथी का नाम लिखा होता
और न ही हाथी पर उसके मालिक का नाम
लेकिन इस मशीन पर अंग्रेजी में
सही-सही वर्तनी के साथ

कम्पनी का नाम अंकित है
और बगल में पद सहित मालिक का नाम मय पता
हिन्दी में–
चौ. कीसोरी सरण सिंह
भूतपूर्व प्रत्याशी वीधान सभा
मो. 9453894623

अंग्रेजी यहाँ पर भी सही है
और हिन्दी यहाँ पर भी ग़लत

विकट सूझ है
कि सर्वशिक्षा अभियान
और लोकभाषा और हिन्दी
तीनों के लिए ही अबूझ है
यह हाहाकारी मशीन...।

अबकी बार

पिछली बार रहे जो नागा
पेड़ फलेंगे अबकी बार
पिछली दीवाली के कोरे
दीये जलेंगे अबकी बार
बीते बाल दिवस के सहमे
शिशु मचलेंगे अबकी बार
तुड़े-मुड़े सिकुड़े घबराए
कूच करेंगे अबकी बार
फोड़े गए ठीकरे जिन पर
मूँग दलेंगे अबकी बार
करतल ध्वनि का सेहरा बाँधे
हाथ मलेंगे अबकी बार
जिन सीनों पर चाक धरे थे
वे उछलेंगे अबकी बार
कड़ी निगाहें, खोटे सिक्के
नहीं चलेंगे अबकी बार
परसन्तापी बिना आग खर
स्वयं जलेंगे अबकी बार
बिना तुम्हारे फागुन के दिन
बहुत खलेंगे अबकी बार।

●●●